安重根は韓国の英雄か、それとも悪魔か

安重根&朴《パク》槿《ク》恵《ネ》大統領守護霊の霊言

大川隆法
RYUHO OKAWA

まえがき

韓国の朴槿恵《パククネ》大統領の動き方がどうも信じがたい。アメリカ合衆国訪問の後は、従来、日本に来るはずなのに、それを飛ばして、中国にゆったり逗留《とうりゅう》して習近平主席と親密に話し合っている。表向きは、北朝鮮の非核化への依頼だが、その実は、米韓、中韓の二股《ふたまた》外交をやって、安倍軍国主義政権の台頭を牽制《けんせい》しているつもりだろう。

日本人をセックス・アニマルに仕立て上げて、アメリカやヨーロッパに、「従軍慰安婦」なる虚妄を信じさせ、非難決議や慰安婦の像を建てさせる裏工作をやっているかと思うと、次には、日本の初代総理大臣にして初代韓国統監になった伊藤博文をハルビン駅頭で暗殺し、自らも死刑になった安重根を、中韓共通の抗日の英雄にして、像を建てようと画策している。安重根の愚挙《ぐきょ》のために国を失ったというのに、である。「歴史認識」をもう一度勉強すべきは韓国大統領のほうであり、韓国国民をミスリードし、国家を危機にさらしていることを国民に謝罪すべきである。早々と習近平の軍門に下るとは、恥の上ぬりにしか過ぎない。

二〇一三年　六月三十日

幸福《こうふく》の科学《かがく》グループ創始者《そうししゃ》兼《けん》総裁《そうさい》

大川隆法《おおかわりゅうほう》

安重根は韓国の英雄か、それとも悪魔か　目次

安重根《あんじゅうこん》は韓国《かんこく》の英雄《えいゆう》か、それとも悪魔《あくま》か

――安重根&朴槿恵《パククネ》大統領守護霊《しゅごれい》の霊言《れいげん》――

二〇一三年六月二十九日　収録

東京都・幸福の科学　教祖殿《きょうそでん》　大悟館《たいごかん》にて

2　死後、あの世で迷っている安重根　37

「霊言現象《れいげん》」とは、あの世の霊存在の言葉を語り下ろす現象のことをいう。これは高度な悟《さと》りを開いた者に特有のものであり、「霊媒現象《れいばい》」（トランス状態になって意識を失い、霊が一方的にしゃべる現象）とは異なる。外国人霊の霊言の場合には、霊言現象を行う者の言語中枢《ちゅうすう》から、必要な言葉を選び出し、日本語で語ることも可能である。

また、人間の魂《たましい》は原則として六人のグループからなり、あの世に残っている「魂の兄弟」の一人が守護霊《しゅごれい》を務めている。つまり、守護霊は、実は自分自身の魂の一部である。したがって、「守護霊の霊言」とは、いわば本人の潜在《せんざい》意識にアクセスしたものであり、その内容は、その人が潜在意識で考えていること（本心）と考えてよい。

なお、「霊言」は、あくまでも霊人の意見であり、幸福の科学グループとしての見解と矛盾《むじゅん》する内容を含《ふく》む場合がある点、付記しておきたい。

安重根《あんじゅうこん》は韓国《かんこく》の英雄《えいゆう》か、それとも悪魔《あくま》か

――安重根&朴槿惠《パククネ》大統領守護霊《しゅごれい》の霊言《れいげん》――

二〇一三年六月二十九日　収録

東京都・幸福の科学　教祖殿《きょうそでん》　大悟館《たいごかん》にて

安重根《あんじゅうこん》〔アン・ジュングン〕（一八七九～一九一〇）
韓国《かんこく》（李氏朝鮮《りしちょうせん》）の民族主義者、独立運動家。一九〇九年、韓国統監府《とうかんふ》の初代統監（暗殺時には前統監で枢密院議長《すうみついんぎちょう》）である伊藤博文《いとうひろぶみ》を、旧満州《まんしゅう》（現在の中国東北部）のハルビン駅頭で狙撃《そげき》し暗殺、翌年、死刑《しけい》となった。

朴槿恵《パククネ》（一九五二～）
韓国（大韓民国）の政治家で、第十八代大統領。一九七九年に暗殺された朴正熙《チョンヒ》大統領の長女。保守系のハンナラ党（現在のセヌリ党）代表等をへて、二〇一三年二月、韓国初の女性大統領に就任した。中国語に堪能《たんのう》である。

質問者　※質問順［役職は収録時点のもの］
酒井太守《さかいたいしゅ》（幸福の科学宗務《しゅうむ》本部担当理事長特別補佐《ほさ》）
小林早賢《こばやしそうけん》（幸福の科学広報・危機管理担当副理事長）

1 「歴史認識の問題」を神仏《しんぶつ》の目で見極《みきわ》めたい

韓国《かんこく》と中国には、日本を共通の仮想敵にする動きがある

大川隆法　今回の霊言《れいげん》収録は今から一時間ぐらい前に急に決まりました。

今日は二〇一三年六月二十九日ですが、今日の産経新聞の東京版では、中国を訪問中の韓国《かんこく》の朴槿惠《パククネ》大統領が、昨日《きのう》、中国の習近平《しゅうきんぺい》国家主席と会談したことが報じられています。

その話し合いのなかで、朴大統領は歴史認識の問題をまた持ち出し、「安重根《あんじゅうこん》の記念碑《ひ》をハルビン駅に設置するための協力を要請《ようせい》した」と書かれています。

韓国と中国には、それに関して利害の共通するところがあるため、「歴史認識の問題で、日本を両国共通の仮想敵にすることによって、韓国と中国が仲良くなる」とい

う動きがあるように見えます。

今、韓国《かんこく》は「中国の属国」になる道を選んでいる

大川隆法　その反面、今、韓国《かんこく》と北朝鮮《きたちょうせん》の関係は緊迫《きんぱく》しています。

北朝鮮の核《かく》兵器は、いちおう完成したというか、性能的には使用可能なレベルまで来ているようです。北に核攻撃《こうげき》をされたら、韓国は、ひとたまりもありません。アメリカが助けようにも、最初から核兵器を使用されたならば、もはや防ぎようがないでしょう。その場合には、一瞬《いっしゅん》とは言いませんが、一時間もたたないうちに、韓国の主要都市は廃墟《はいきょ》と化し、かつての広島や長崎《ながさき》のようになります。

それに韓国が対抗《たいこう》するには、「核兵器を開発する」「ミサイルで防衛する」「アメリカや日本と合同で北朝鮮に圧力をかける」などの方法があります。そういう選択肢《せんたくし》が、もちろん、あることはあるのです。

しかし、朴大統領は、女性特有の勘《かん》だとは思いますが、中国の懐《ふところ》に飛び込《こ》み、中

国と仲良くすることによって、北朝鮮の攻撃を防ごうとしているようです。北朝鮮は食糧《しょくりょう》と重油の供給を中国に頼《たよ》っているので、中国が本気で北朝鮮を締《し》め上げたら、北朝鮮は何もできません。そこで、中国と急接近し、中国の圧力で北の攻撃を防ごうとしているのではないかと思います。

ただ、これは、ある意味では危険な判断の一つであり、「今、韓国は自ら中国の属国になる道を選んでいる」と考えられなくもありません。習近平国家主席がその気になれば、北朝鮮も韓国も中国の名の下《もと》に統一できるのではないでしょうか。その環境《かんきょう》が整いつつあるのです。

今の韓国は、ある意味では、「ヘビに睨《にら》まれたカエル」のようになっています。そして、その身惜《お》しさからか、ヘビの口のなかへ飛び込んでいこうとしているように見えなくもありません。

また、「日本を敵視することによって、韓国は、自主独立、自主防衛を果たせるのか」ということについても、疑問がないわけではないのです。

ＴＰＰの本質を「対中国包囲網《ほういもう》」と理解した安倍《あべ》総理

大川隆法　朴大統領が習近平国家主席のところに行き、韓国と中国の二国間に緊密な経済関係を築こうとしていることについて、日本のマスコミの報道姿勢は十分ではなく、「日本は（中国と韓国に）外される」という左寄りの報道が多いようです。

ただ、これに関し、私は、今年の初めぐらいまでに、「どう考えるべきか」ということを述べています。

ＴＰＰ（環太平洋戦略的経済連携《れんけい》協定）について、自民党は、去年の年末の衆院選における公約では、態度をはっきりさせていませんでした。

そこで、私は、新総理になる安倍《あべ》さんに対するアドバイスを、著書（『安倍新総理スピリチュアル・インタビュー』〔幸福実現党刊〕）の「あとがき」に書きました。そして、その著書の新聞広告に「あとがき」からの引用を載《の》せ、「ＴＰＰの本質は対中国包囲網《ほういもう》なのだ」というメッセージを発信したのです。

また、「ＴＰＰに関しては、『入るか、入らないか』という選択の問題ではない。これに入らなかったら、日本に未来はない。農業や漁業への補償《ほしょう》の問題は別途《べっと》あるにしても、これに入らなかったら日本は終わりなのだ」ということも述べました（『ジョーズに勝った尖閣男《せんかくおとこ》』〔幸福の科学出版刊〕等参照）。

その後《ご》、安倍政権は急速にＴＰＰ推進の方向へと踏《ふ》み込んだのです。

農業や漁業の利害の問題だけでＴＰＰ側に入らなかった場合、日本はどうなるかというと、当然、取り残され、「中国・韓国・日本という、アジアの三カ国での経済圏《けん》を強化する」という方向に入るしかありません。要するに、中国の陣営《じんえい》に入るかたちを選択することになるのです。

中国は世界の資源を資源外交で押《お》さえていこうとしています。人口増加の影響《えいきょう》で、特に第一次産品がかなり不足してきており、中国は、これを押さえようとしているのですが、オバマ大統領は、中国包囲網をつくることによって、それを破ろうとしています。

ＴＰＰは、実は、オバマ大統領が平和裡《り》に中国包囲網をつくろうとしている作戦なのです。「それを分からなくてはいけない」と私は述べたのですが、安倍さんは理解したのだと思います。

中国と韓国《かんこく》がＴＰＰに入れない理由

大川隆法　中国と韓国《かんこく》は、どうしてもＴＰＰに入れません。それが最初から私には分かっていました。

なぜ入れないかというと、ＴＰＰのなかには、「人権を守らなくてはいけない」というような条項《じょうこう》があるからです。これを中国は呑《の》めませんし、韓国にも、実は呑めないところがあります。北朝鮮は、当然、問題外です。

それと、もう一つ、「知的財産権を守らなくてはいけない」という条項も入っています。これについても中国と韓国は守れないので、ＴＰＰに入れないのです。

分かりやすく言いましょう。中国で売られている、ヨーロッパのブランド品の五割は偽物《にせもの》です。中国は、ヨーロッパのブランド品の偽物を大量につくり、それを売りまくっています。また、韓国のブランド品も三割は偽物と言われています。

この両国では、知的財産権等に関する意識が非常に低いのです。そのように国際性がない状態なので、彼らは、今、ＴＰＰに入ることができません。

また、彼らは、文化的なものについても、自分たちの都合《つごう》に合わせて勝手に規制しています。「自分たちの文化などで、よいところだけを出すのは構わないが、敵のものので自分たちに敵対的なものは入《い》れない」というようなかたちで保護をしており、グローバルに門戸《もんこ》を開放できているとは言えない状況《じょうきょう》です。

そのため、この二国はＴＰＰには入れないのです。

「日本がＴＰＰ側に入るか、入らないか」ということは、日本の国家戦略として、かなり大きな問題でした。その点を幸福の科学は指摘《してき》したのですが、それを安倍政権は理解し、左翼《さよく》系のマスコミからの、いろいろな批判をものともせず、いちおう、それを推《お》し進める方向に動いてきています。

農業や漁業をめぐって、いまだに少しくすぶってはいますが、TPPへの参加には「国家の存続」がかかっているので、農業や漁業の利益とは代えられないのです。

「新しい冷戦に対する備え」が始まっている

大川隆法　今、中国と韓国の二国間が緊密になろうとしているように見えますが、実は、この二国は孤立《こりつ》しています。大きな経済の国になった中国と韓国とが、互《たが》いに力を合わせ、「何とかして、マッチポンプ的に経済を大きくできないか」と、最後のブラフ（はったり）をかけているところなのです。

この両国は現実には北朝鮮も抱《かか》えています。ここと一緒《いっしょ》になり、三国になったとしても、未来はそう明るいとは言えません。

中国は、八パーセントの経済成長を目指していたのですが、今では目標を七パーセントに下げています。さらに、設備投資が落ち込んできており、「設備投資の落ち込み方から見れば、経済成長率が三・六パーセントまで落ちる可能性もある」という記事が、最近の「ニューズウィーク」誌（二〇一三年七月二日号）に載っていました。

中国の経済成長率が三・六パーセントにまで落ちることになれば、「簡単にアメリカを追い抜《ぬ》き、世界ナンバーワンの経済大国になる」という、彼らが予想していた構図が大きく変わるでしょう。今、その分岐点《ぶんきてん》に入ろうとしているのです。

一方、日本では安倍政権が立ち、日本経済はまた拡大に入りそうな情勢です。

中国は、アジア・アフリカ諸国にたくさんお金を出し、インフラ整備を行い、それらの国々を中国の支配下に置こうとしていますが、それに対抗するように、日本も、ODA《オーディーエー》（政府開発援助《えんじょ》）その他《た》の資金融資《ゆうし》によって、アジア・アフリカ諸国に対し、「インフラ整備」「軍事的な対抗力を付けること」「原発の推進」等で協力する方向に入っています。

実は、はっきりと、「新しい冷戦に対する備え」が始まっているのです。

アメリカでシェールオイルやシェールガス等による経済復興が本物になり、また、日本もアベノミクスによって経済復興をなし、この両国の力が再び強くなって、しかも、この二国関係がものすごく強くなってきた場合には、世界の勢力地図は、もう一回、引っ繰《く》り返ることになります。

今、歴史的には、そういう大きな転換点《てんかんてん》に立っていると思います。

韓国統監府《かんこくとうかんふ》の初代統監・伊藤博文《いとうひろぶみ》を暗殺した安重根《あんじゅうこん》

大川隆法　歴史認識の問題のうち、従軍慰安婦《じゅうぐんいあんふ》については、今の朴大統領をはじめ、韓国《かんこく》側が積極的に持ち出してきました。そして、元従軍慰安婦と称《しょう》する人たちが、日本のあちこちに〝攻《せ》め込んできていた〟のですが、それを当会が〝撃《う》ち落とした〟のです（『神に誓《ちか》って「従軍慰安婦」は実在したか』〔幸福実現党刊〕参照）。

韓国側は、アメリカやドイツなど世界各地で、「日本は、こういう性奴隷《どれい》をつくって、悪いことをしたのだ。ナチスばりのことをしたのだ」と言って回り、議会で決議等をさせたり、従軍慰安婦の像や碑をつくったりしています。それに対しても当会からカウンターを打っています。

私は、韓国にとって、従軍慰安婦に続く〝次の弾《たま》〟が、今日、産経新聞で名前の出た安重根《あんじゅうこん》、アン・ジュングンではないかと思うのです。

安重根について知っている方もいるでしょうが、簡単におさらいをしておきます。

日本は、日清《にっしん》戦争で清国（中国）との戦いに勝ち、その十年後には、一九〇四年から一九〇五年にかけて日露《にちろ》戦争を行い、ロシアに勝ちました。中国もロシアも、当時はGDP（国内総生産）が日本の十倍はあったと思われる国です。日本は、その両方に勝って二連勝しました。

特に、ロシアとの戦いでは、「世界最強」と言われたバルチック艦隊《かんたい》を、東郷平八郎《とうごうへいはちろう》の率いる日本の艦隊が打ち破りました。

このように、日本がロシアに判定勝ちをし、最強になった一九〇五年あたりから、「朝鮮半島をどうするか」という問題が強く出てきました。

不凍港《ふとうこう》が欲《ほ》しいロシアは、南下して朝鮮半島を支配下に収めようとしていたのですが、日本に敗れたため、ロシアの野望は潰《つい》えました。「朝鮮半島がロシアに支配される」

という可能性は、日本によって粉砕《ふんさい》されたのです。

そういう状況のなかで、一九〇九年に、「韓国統監府《とうかんふ》の初代統監である伊藤博文《いとうひろぶみ》、当時の枢密院《すうみついん》議長を、韓国の安重根がハルビン駅頭で銃撃《じゅうげき》し、暗殺する」という事件が起きました。

伊藤博文は、ご存じのとおり、日本の初代総理大臣であり、アメリカで言えば、初代大統領のジョージ・ワシントンに比肩《ひけん》できるかもしれないぐらいの方です。

初代の総理大臣を務め、初代の韓国統監でもあった人を、安重根は、今では中国国内に当たる地域であるハルビンの駅頭で射殺したのです。

彼は、十数回の裁判の結果、死刑《しけい》になりました。彼の行為《こうい》は、当時、当然ながら重罪だったのです。

伊藤博文は、日本がロシアに勝ったばかりの時期に韓国統監を務めたので、GHQのマッカーサーのような立場だったでしょう。その人物を暗殺したのは大変なことであり、「韓国が日本に併合《へいごう》されるのは、しかたがない」という見方が、当時の国際常識だったと思われるのです。

韓国《かんこく》と中国は「安重根」で共同戦線を張るのか

大川隆法　その後《ご》、時間は流れ、第二次大戦のあと、韓国《かんこく》は独立しましたが、まず日本だけがまた発展し、やがて、遅《おく》ればせながら、韓国や中国も経済的に発展してきました。そして、二〇一〇年には中国がＧＤＰで日本を抜きました。

韓国も、当然、日本を抜きたくてしかたがない気持ちでいっぱいでしょうから、韓国は、日本に対し、一生懸命《いっしょうけんめい》、国際的な経済競争を仕掛《しか》けてきています。

ところが、アベノミクスが始まったあたりから、中国や韓国には逆風が吹《ふ》いてき始めました。この両国は輸出で儲《もう》けまくっていたのに、それぞれ、自国の通貨である人民元《げん》とウォンが、「人民元安《やす》」「ウォン安」に陥《おちい》り、だんだん、それができなくなってきつつあります。

このように、両国とも経済が不調になったので、「これをどうにかしたい。日本に対して反撃したい」と考えているわけです。

そこで、韓国は、安倍首相の愛国主義的な部分を捉《とら》え、それを「右翼的」と称し、また従軍慰安婦を持ち出してきて、「歴史認識が足りない」と言っているのでしょう。

さらには安重根を持ち出してこようとしていますが、おそらく、「彼は、日本帝国《ていこく》主義に対する抵抗《ていこう》の志士であり、韓国と中国に共通の英雄《えいゆう》になりうるのではないか」という考えなのではないかと思います。

安重根は中国の領土内で亡《な》くなったため、そこに碑を建てさせ、「韓国と中国の両方で英雄として祀《まつ》れば、それで共同戦線が張れるのではないか。従軍慰安婦の碑に続き、安重根の碑を建て、韓国と中国が共通認識を持って日本をただそう」と考えているのでしょう。

これは、ある意味では、現在の韓国の調子が悪いことについて、その理由の原点を百年以上も前に求め、「自分たちの責任ではないのだ。日本が悪いのだ」という言い方をしていることになるのです。

甘《あま》えと言えば甘えなのですが、日本には、このように言われても、何も反論しないで放置する傾向《けいこう》があります。しかし、そういう対応では、従軍慰安婦問題と同じように、だんだん押されてくることになりかねないのです。

韓国《かんこく》について、「気になること」が幾《いく》つかある

大川隆法　私には、今、韓国《かんこく》について、気になっていることが幾《いく》つかあります。この安重根の問題もその一つですが、朴槿惠大統領自身や、この人の父である朴正熙《チョンヒ》元大統領の考えも気になっており、霊査《れいさ》の必要性を感じています。

また、現在、国連事務総長を韓国人が務めていますが、「これが今の時期に適切なのかどうか」ということも、実は気になっています。国連事務総長は、本来、国同士の紛争《ふんそう》に関して中立な国の出身でなくてはいけないはずなのに、現国連事務総長は紛争当事国の出身です。はたして、これで構わないのでしょうか。日本との竹島《たけしま》問題もあれば、北朝鮮や中国との関係もあって、韓国は紛争当事国なのです。

また、その現国連事務総長は、どうやら統一協会系の思想を持っているらしいのです。そういう噂《うわさ》が流れてきています。

統一協会系の思想は、「日本は、アダムとエバの、エバの国であり、悪魔《あくま》にそそのかされて悪いことをした。だから、日本からいくらお金を巻き上げても構わない。日本からお金を吸い上げ、そのお金を韓国に持ってきて、韓国にある統一協会系の企業《きぎょう》の赤字をいくら埋《う》めても構わない」というようなものなのですが、韓国の愛国思想とわりに合うので、韓国では、そこそこ人気があるらしいのです（『宗教決断の時代』〔幸福の科学出版刊〕参照）。

しかし、そういう思想は、日本では、当然、拒否《きょひ》されます。

統一協会は、当初、右翼的な動きに見せていましたが、「実は違《ちが》う」というところが出てきたので、今、日本では拒否されています。

安重根は英雄《えいゆう》か、それとも悪魔《あくま》なのか

大川隆法　朴大統領の次の戦略が、「安重根を立て、彼を英雄《えいゆう》にすることによって、対日戦線を張る」ということなら、安重根も当会のチェックの対象ではないかと思います。私は、この人物について、まだ結論的には調べていないので、どうであるか、今日、価値中立的に調べてみようと考えています。

すでに、太平洋戦争を始めたときの日本の総理についても調べましたし（『公開霊言　東條英機《とうじょうひでき》、「大東亜《だいとうあ》戦争の真実」を語る』〔幸福実現党刊〕参照）、トルーマン元大統領やフランクリン・ルーズベルト元大統領についても調べたので（『原爆《げんばく》投下は人類への罪か？』〔幸福実現党刊〕参照）、ここも調べてみてもよいのではないかと思います。

安重根は、韓国にとって吉田松陰《よしだしょういん》的存在であり、愛国の志士であったのでしょうか。韓国の人々が言うことを、そのままストレートに認めなくてはいけない方なのでしょうか。

「安重根はクリスチャンであった」と言われていますし、「死刑になる前、獄中《ごくちゅう》から家族宛《あ》てに立派な手紙を書いた」とも言われています。

ただ、韓国は、日本の初代総理を暗殺した男を切手にし、以前から英雄扱《あつか》いをしていたので、「それが国際常識的に許されるのか」という問題もあるでしょう。

安重根が国際常識的にも英雄と見なされるのであれば、要するに、「第二次大戦以降どころか、明治以降の日本の歴史そのものを、全部、暗黒思想で塗《ぬ》り替《か》えなくてはならない。日本は、侵略《しんりゃく》思想を持ち、悪いことをしていたのだ。自分たちのほうには何も非はないのだ」という考えになってくると思います。

これは、そういう問題なのです。向こうは歴史認識と言っていますが、こちらからも、「歴史認識として正しいのか」ということを、韓国側に、たださなくてはなりません。

韓国が、何か具合《ぐあい》の悪い部分を、全部、日本のせいにしていたことは、本当にそのとおりだったのか。

また、安重根は、はたして吉田松陰的立場の人であったのか。それとも、アメリカと戦ったオサマ・ビン・ラディン的な存在であったのか。

ここの判断は難しいところです。

オサマ・ビン・ラディンは、アルカイダの人から見れば、サラディン的な英雄なのでしょうが、世界的には、そうは認定されていません。

安重根に関する判断は難しく、国際司法裁判所であっても手に余るところがあると思うので、その一段上にある目で見なければいけないと思います。地球的正義を神仏《しんぶつ》の目で見て、「正しいか、正しくないか」を見極《みきわ》めなくてはいけません。

安重根は「救国の英雄」であり、数少ない「韓国の神」であることも、可能性としてはありえます。

伊藤博文が悪魔《あくま》ということは、ありえません。彼については、もう調べてあり、彼が日本の神々の一柱《いっちゅう》であることは分かっています（『維新《いしん》の心――公開霊言 木戸孝《きどたか》允《よし》・山県有朋《やまがたありとも》・伊藤博文――』〔幸福の科学出版刊〕参照）。

ただ、「伊藤博文は日本の神々の一柱ではあるが、安重根も韓国の神である。安重根は国を守るために戦い、伊藤博文を暗殺した」という場合も考えられるのです。あるいは、よその国の総理大臣だった人物を、駅頭で暗殺する行為は悪であり、安重根は、死後、悪魔ないしは悪霊《あくれい》になり、地獄で苦しんでいるかもしれません。

さらには、「それ以外の別な何かが働いている」というシチュエーション（状況）もありうるでしょう。

いずれにしろ、ここのところについては、できるだけ価値中立的に調べてみたいと思います。

今回の霊査によって、もしかしたら、韓国の人から私が悪魔呼ばわりをされる可能性も十分にあるのですが、そういうリスクを踏み越《こ》えてでも、あえて「真実とは何か」を探究するのが当会の立場だと思っています。

この問題については、当会が口火を切って言わなければなりません。与党《よとう》も含《ふく》めて、各政党や言論人では、おそらく口火を切ることはできないでしょうから、当会が先頭を切って調べてみたいと思います。

韓国《かんこく》の独立運動家、安重根を招霊《しょうれい》する

大川隆法　前置きが少し長くなりましたが、今回のテーマには歴史認識がかかわっているので、問題の背景が分かるように説明させていただきました。

今日の質問者は知識の豊富な方《かた》なので、ぜひとも真実を突《つ》き止めていただきたいものです。

私は安重根の霊《れい》と話をしたことはありませんが、おそらく、お呼びできるだろうと思います。

（合掌《がっしょう》し、瞑目《めいもく》する）

それでは、李氏《りし》朝鮮時代の韓国《かんこく》の独立運動家である安重根氏、日本国の初代総理大臣、伊藤博文を暗殺し、現在、韓国では英雄扱いされております安重根氏を、お呼び

申し上げたいと思います。

韓国の安重根氏、アン・ジュングン氏よ。

どうか、幸福の科学 教祖殿《きょうそでん》に降りられ、韓国や日本に関し、あなたのお考えを、お述べください。

また、日本人に対するメッセージや、伊藤博文に対するメッセージ等がございましたら、忌憚《きたん》ないご意見を開陳《かいちん》してくだされば幸いです。

安重根の霊、流れ入《い》る。

安重根の霊、流れ入る。

安重根の霊、流れ入る。

安重根の霊、流れ入る、流れ入る、流れ入る、流れ入る、流れ入る、流れ入る、流れ入る。


（約三十秒間の沈黙《ちんもく》）

2　死後、あの世で迷っている安重根

今いる場所は病院？　それとも刑務所《けいむしょ》？

安重根　（息を大きく吸って吐《は》く）

酒井　おはようございます。

安重根　ゴホッ、ゴホッ（咳《せ》き込《こ》む）。

酒井　安重根氏、アン・ジュングン氏でございますか。

安重根　ゴホッ、ゴホッ。

酒井　お話しできますか。

安重根　ゴホッ、ゴホッ、ゴホッ。

酒井　今、お体が悪いのですか。

安重根　うーん、ちょっと。

酒井　どんなご様子ですか。

安重根　うーん、ちょっと優《すぐ》れ……、ない。

酒井　ちょっと優れない？

安重根　うーん。

酒井　今は、どこにいらっしゃるのでしょうか。

安重根　ん？

酒井　今は、どこにいらっしゃいますか。

安重根　病院かなあ。

酒井　病院ですか。

安重根　ああ。

酒井　伊藤博文《いとうひろぶみ》を暗殺しましたよね？　そこまでは覚えていますか。

安重根　ああ。まあ、そうかなあ。

酒井　え？

安重根　あれ？　病院にいる……。うーん、なんで病院にいるのかな。

酒井　そのあと、病院に入ったのですか。

安重根　あれ？　おかしいな。あれを暗殺したのに、私は撃《う》ち殺されなかったのかなあ。

酒井　そのあと、処刑《しょけい》されているはずですが。

安重根　ああ……、待って。今は、ちょっと……。ちょっと待って。そうよねえ。狙《ねら》って撃って成功したのか、なんか、ウワーッと、すごく騒《さわ》いでたようですね。騒いでいて、逮捕《たいほ》された。逮捕された。うんうん。それは覚えてる。逮捕された。逮捕されたね。逮捕されて……。
あっ、ここは病院じゃなくて、刑務所なのかなあ。あれ？　病院？　刑務所だったような気が……。

酒井　刑務所ですか。

安重根　病院？　いや、なんか、放り込まれた。

酒井　放り込まれた？

安重根　うんうん。なんか、放り込まれたけど、「よくやった」という声と、「何てことをしたんだ」という声と、両方、聞こえたような感じ……。

酒井　言ってくる人がいるのですか。それとも、何か聞こえる？

安重根　うーん。聞こえたような気はするが……。

酒井　そこは、本当に刑務所でしょうか。

消えてしまっている「当時の記憶《きおく》」

安重根　伊藤は、何？　死んだの？

酒井　お亡《な》くなりになりました。

安重根　あっ、そう。じゃ、成功したんだ！

酒井　今まで、ご存じなかったのですか。

安重根　あっ、成功したんだ。成功したんだ。あっ、成功したんだ。成功したんだ。成功したんだ。

酒井　はい。それは知らなかったですか。

安重根　いや、撃ったのよ。撃ったよ。撃ったけど、取り押《お》さえられたからさあ。あれ？　死んだか、死なないか……。

酒井　分からなかった？

安重根　ん？　死んだか、死なないか……。あれ？

小林　裁判の記憶《きおく》が消えているわけですね。

安重根　ああ、死んだか、死なないかは……。

そんときは、「当たったかなあ」とは思ったんだけど、致命傷《ちめいしょう》まで行ったのかどうかは分からなかった。自分のほうが取り押さえられたから。

「鉄格子《てつごうし》の入った独房《どくぼう》」から出られない

酒井　今は、何をしているのですか。

安重根　今は、なんか、治療《ちりょう》してるような気がするんだけどなあ。

酒井　周りには何が見えますか。

安重根　うーん、ベッドはある。ベッドに座《すわ》ってる。ベッドに座って……、でも、部屋は狭《せま》いなあ。

酒井　看護婦さんとかは来ますか。

安重根　いや、鉄格子《てつごうし》は入っているなあ。窓に鉄格子みたいなものが入っていて、シンプルなベッドはある。鉄格子はある。

酒井　どんな人が来ますか。

安重根　どんな人が来るか、うーん……。

酒井　人は来ませんか。

安重根　いや、それは来るはずだよねえ。

酒井　ええ。だけど、来ていない？

安重根　来ているような気は……。それは来るんじゃないかなあ。

酒井　しかし、来ていないと？

安重根　いやいや、そんなことはないでしょう。それは来ないわけにいかない。

酒井　最近、誰《だれ》かと会いましたか。

安重根　うーん……、だから、病院だとすれば、医者や看護婦は来なければいけないし、食事も運ばなきゃいけないよね？

小林　今、「病院だとすれば」と言われましたが、「もしかしたら、ここは病院ではないのかもしれない」と思っているわけですね？

安重根　どこにいるのかは分からないけど、出れないのは分かっている。

小林　出れないんだ？

安重根　出れないのは、出れない。

酒井　鉄格子が自分の前にあるのは分かるんですね？

安重根　いや、前にあるわけじゃなくて、横にある。

酒井　横にある？

安重根　うん、横というか、簡単なベッドがあって、そのベッドの頭のほうの壁《かべ》のところに、鉄格子のようなものが入った窓がある。あとは、すごくシンプルな感じで……。あっ、トイレみたいなものがあるなあ。トイレのようなものもある。

三十歳《さい》で死んだときの意識のままでいる

酒井　あなたは今、何歳《さい》ですか。

安重根　えっ？　三十歳ぐらいじゃないかなあ。

酒井　三十歳？

安重根　うんうん。

酒井　今は、西暦《せいれき》で言うと何年ぐらいになるのでしょうか。一九〇〇年代ぐらいでしょうか。

安重根　西暦ですか。

酒井　分からないですか。

安重根　西暦……。

酒井　日露《にちろ》戦争があったのは覚えていますか。

安重根　ああ、それは知ってるよ。それは知ってるけどさあ。

酒井　あなたの記憶では、つい最近のことですか。

安重根　いやあ、あれから日本が強くなったからさあ。

酒井　「今は、いつぐらいだ」と分かるものは何もないのですか。

安重根　うん、入院して……。

酒井　「入院ではない」と思いますけど。

安重根　入院じゃないのかなあ。なんか、でも、入院のような感じだと思っていたんだけど。

酒井　牢屋《ろうや》に入っているのでしょうね。入院だとしたら、隔離《かくり》されているのでしょう。

安重根　か、隔離。まあ、伊藤博文を撃ったのは間違《まちが》いないから、そういう意味で、身柄《みがら》を守るために隔離しているんじゃないかなあ。

酒井　隔離されているんですね。

安重根　分かった、分かった、分かった。あのー、だから、政府が、私を守るために、病気ということにして隔離してるんだと思うんだ。

やはり、「死の自覚」がない安重根

小林　では、「死んだ」という意識はないんですね？

安重根　え？　死んだ？　なんで死ぬの？

小林　やはり、そういう意識はないんですね。

酒井　あなたは今、生きている？

安重根　うん。なんで死ななきゃいけないの？

酒井　死んではいないんですね？

安重根　だって、死んでる人がしゃべるわけないでしょ？　死んだらしゃべらないよ。

酒井　あなたは死を覚悟《かくご》して、ご家族とかに手紙を出さなかったですか。

安重根　手紙ね。まあ、手紙ぐらい書くことは……。

酒井　死は覚悟しなかったですか。

安重根　死は覚悟して？　まあ、手紙ぐらいは病院から書いてもいいんじゃないかなあ。

酒井　では、死ぬのは怖《こわ》いですか。死後の世界はあると思いますか。

安重根　死後の世界？　まあ、まだ若いからねえ。

酒井　若いから？

安重根　「死後」と言ったって、若いからさあ。

「安重根の碑《ひ》」の話を聞いて、「偉《えら》くなった」と喜ぶ

酒井　あなたは、「今は、西暦で言うと、あれから約百年以上たった二〇一三年である」ということをご存じですか。

安重根　ええっ！　何？　何？　何それ？

酒井　証拠《しょうこ》を出しましょう（新聞を見せる）。あなたは日本語を読めますか。

安重根　ちょっと。

酒井　この新聞の日付は、二〇一三年六月二十九日になっています。そして、ここに、あなたの名前があって、「安重根の碑《ひ》を建てる」という記事が載《の》っています。

安重根　おお。読める、読める。漢字は読めるなあ。

酒井　これは、あなたの写真ですよね？

安重根　いい男だ。うん。

酒井　今年は、伊藤博文暗殺から百四年目なんですが。

安重根　百四年？

酒井　ええ。韓国《かんこく》の朴槿惠《パククネ》という大統領と、中国の習近平《しゅうきんぺい》という国家主席が、あなたの記念碑をハルビンに建てようとしています。

安重根　おお。それは、すごい。いいことじゃないか。じゃあ、私は偉《えら》くなったんだ。

伊藤を撃ったのは、やっぱり、よかったんだ。よかったん……、だろ?

「私はイエスのように復活した」と物語をつくる

酒井　ただ、あなたは死んでいます。あれから百四年たったのは知っていますか。

安重根　いや、それは……。私は三十歳だから、そんなはずは……。おかしいな。

小林　「死んだ」という意識もないし、「裁判にかけられた」という記憶もないと?

安重根　まあ、そう言われてみれば、なんか……。

小林　「死刑宣告をされた」という記憶もないと?

安重根　いや、何度か、簡単に、いろいろ訊《き》かれたような感じはあるよ。だから、入ったとき……。ああ、そうか。ときどき出されて、何か訊かれたのは……。

小林　自分の死にまつわる記憶は、全部、消えているというか、意識の外へ出してしまっているわけですね。

安重根　死、死、死ですか。

小林　ええ。あなたは、もう死んでいます。

安重根　「死んだ」っていうことになるんですか。

酒井　死刑になった覚えはありませんか。

安重根　えっ？　殺されたのは……。まあ、伊藤が殺されたんじゃないの？

酒井　いや、あなたです。

安重根　伊藤を殺したのよ。

酒井　いや、あなたもです。

安重根　え？　私が？

酒井　はい。

安重根　私が殺されたの？

酒井　はい。

安重根　ああ、私はクリスチャンだから、イエス様みたいに復活したんかもしれないな。じゃあ、三日後に復活したんだよ。

酒井　復活して、いまだに三十歳なのに、なぜ記念碑が建つのですか。

安重根　イエスは年を取らないいんだよ。

酒井　いや、あなたが生きていれば、記念碑なんか建てないで、香油《こうゆ》を塗《ぬ》らせればいいではありませんか。

安重根　ああ、なるほど。それはそうだなあ。

酒井　あなたが死んでいるから、記念碑を建てるんですよ。

安重根　まあ、私は〝韓国のイエス〟なんだよ。

小林　物語をつくるのはいいですが、要するに、「復活だ」とか、「韓国のイエスだ」とかは、ほんの五分前まで頭の片隅《かたすみ》にもなかったことでしょう？

安重根　そうそう。なかった。

酒井　（笑）

「病室で治療《ちりょう》を受けている」と言い張る安重根

小林　物語を創作するのはともかく、事実として、一九〇九年の十月二十六日、あなたは伊藤博文を撃って、暗殺しました。

安重根　うん。撃ったのは覚えてる。

小林　そして、翌年の二月十四日に死刑判決を受けて、三月二十六日に死刑が執行《しっこう》されたんですよ。

安重根　ああ、そうか。そうなのか。

小林　その記憶が、なかったわけですね？

安重根　そう、死刑、死刑、死刑……。うーん、まあ、「伊藤を撃ち殺して、死んだ」って言うなら、確かに、それは言えるわねえ。

小林　あなたのような霊《れい》を、一般《いっぱん》的に「不成仏《ふじょうぶつ》霊」と言うのです。

安重根　「死んだ」って言うなら、まあ、それは……。

酒井　キリスト教でいくと、「煉獄《れんごく》」という所になるのでしょうね。

安重根　いや、でも、ちゃんとした病室だと思うんだがなあ。

小林　あなたが今、入っている所は、あなたの意識がつくっているわけですが、客観的に言うと、牢屋ですよ。

酒井　どう見ても、病院ではありません。

安重根　牢屋は、そう……。まあ、自分で出れないから、そういう意味では、牢屋的なものだ。

小林　死んだあと、あなたは、どこかの世界に行って、今、牢屋のなかに入れられているわけですが、なぜだと思いますか。

安重根　でも、そんなにねえ、いや、牢屋なんかに入れられたら、普通《ふつう》さあ、痩《や》せ細って、苦しいじゃない？　だけど、そんなにお腹《なか》がすく感じもしないから。

小林　もう死んでいるから、ご飯を食べる必要はありません。死んだら、お腹はすかないのです。

安重根　ああ、そうか。いや、でも、取り押さえられるときに、私は、きっと怪我《けが》したんだよ。取り押さえられて、怪我したから、その治療《ちりょう》をやってるんだ。

酒井　しかし、この百年間、あなたは何をしていましたか。

安重根　ええ?

酒井　もし、本当に、あなたが、先ほどのつくり話のイエス様だったら、一日たりとも休まずに、世の中の救済をしているはずですよ。

安重根　うん。

酒井　「百年たったことも知らない」ということは、「寝《ね》ていた」ということですよね?

安重根　いや、それは、ちょっと分からないけど。

家族が面会に来たことがある?

小林　ずばり訊きます。伊藤を撃って、そこに入れられてから、今日、われわれ二人と話をするまでの間に、誰かと話をしましたか。

安重根　うーん。

小林　誰もいないでしょう？

安重根　いや、まったくないわけではなくて、誰か、面会に来たような気はするなあ。

小林　誰が来ましたか。もし来たのであれば、その人の名前とかを教えていただけますか。

安重根　面会には来たような気はするから。

小林　誰だろう？

安重根　いやあ、あとから、家族とかが来たような気もするなあ。

小林　まあ、それはありうるね。

安重根　家族は来たかなあ。

小林　家族だけですか。

安重根　これは来るよねえ。年を取ったら死ぬ……、いやいや、年を取ったら来るわなあ。私に会いに来る。当然、来るだろうねえ。

シュプレヒコールのように押《お》し寄せる「同胞《どうほう》からの恨《うら》みの念」

小林　それ以外に誰か来ましたか。

安重根　家族が来たのとねえ、あとは、何だか変なんだけど、うーん、逆に、その鉄格子の向こうから声が聞こえてきてねえ。なんか、デモ隊みたいな声が、ときどき聞こえてくるんだよね。

それが、なんかさあ、要するに、今は、「ほめてくれる」っていう話だったけど、「安重根、おまえのおかげで、この国はひどい目に遭《あ》った」っていうような感じの、なんか、私に抗議《こうぎ》するシュプレヒコールみたいなのが聞こえるから、「わしを恨《うら》んでる者もだいぶいるのかなあ」という感じはするな。

小林　恨みの念波《ねんぱ》が来ているわけですね。

酒井　それは、韓国語ですか。

安重根　韓国の人のようには……。

酒井　日本語ではない？

安重根　日本語ではないような……。まあ、日本語も、ちょっと混じってはいるような……。

小林　韓国の人には、日本語を知っている人もいますからね。

酒井　韓国人の声ですか。あなたの同胞《どうほう》ですね？

安重根　うーん、同胞かなあ。私の行為《こうい》が原因で、その後、ひどい目に遭った人たちが大勢出たらしくて、なんか、私に抗議している。

小林　なぜ、同胞に恨まれているのでしょうか。

安重根　何だろうねえ。まあ、私の仲間ではなかったからでしょうかねえ。仲間なら恨まないから、仲間ではない。

酒井　仲間とは誰ですか。

安重根　仲間っていうか、いちおう、「単独犯」ということにされてるのかもしれないけど、もちろん、仲間はいなくてはいけないので……。

小林　あなたは、客観的には、テロリスト認定を受けているわけですが、ウラジオストクに亡命《ぼうめい》して、テロの準備をしていたでしょう?

安重根　うーん……。

小林　仲間ということで言えば、テロリストの仲間がいたのでしょうけれども。

安重根　ああ、それはいるはず。

小林　しかし、国民の九十九パーセント以上は、テロリストではなかったわけなので、そうすると、それは、一般の国民からの恨みでしょうか。

安重根　ほめていただくというより、「なんで、こんなバカなことしてくれたんだ」みたいな声のほうが強く聞こえる。

酒井　あなたは、「バカなことをした」とは思っていないのですか。

安重根　伊藤は、でも、やっぱり、うーん……。

小林　ただ、恨みの声がいまだに来ているんですよね？　ここに呼ばれる直前ぐらいまで。

安重根　いや、なんか、でも、最近、変わってくる感じ？

最近、「自分への待遇《たいぐう》」がよくなりそうな感じがする？

酒井　どのように？

安重根　なんか、待遇《たいぐう》が、ちょっとよくなってこようとしている感じがする。

酒井　感じがする？

安重根　うーん、してるね。「もうちょっとしたら、特別室に移してくれる」っていうような感じで……。

酒井　それは、誰がやってくれるのですか。

安重根　うん、なんかねえ……。

酒井　中国人？

安重根　いや、分からないけど、なんか、今、「住んでる部屋が狭くて、窮屈《きゅうくつ》でしょうから」と言って、もうちょっといい、偉い人用の特別室に移してくれそうな感じが……。

小林　その特別室は、もう一段、ひんやりしているかもしれませんけどね。

安重根　え？　どうして？　立派な部屋になるんじゃないの？

小林　部屋は立派でも、ひんやりしているかもしれない。

酒井　(笑)

安重根　あっ、そう。

酒井　しょせん、そうでしょうね。

伊藤博文《いとうひろぶみ》が韓国併合《かんこくへいごう》に反対していた事実は「知らなかった」

小林　少し質問が戻《もど》りますけれども、自分としては「英雄《えいゆう》行為をした」と思っているでしょうが、なぜ、恨みの念波が、長い間、デモのごとく、あなたのところに押《お》し寄せてくるのでしょうか。自分としては、どう分析《ぶんせき》しますか。

安重根　よく分かんないけど、伊藤《いとう》は、朝鮮《ちょうせん》を取りに来たんだろう？　だから、撃ち殺してやったんだから、愛国……。

酒井　え？　取りに来ていないんですよ。

安重根　え？　違うの？

小林　はい。違います。

安重根　だって、取りに来たんだろう？

酒井　いや、伊藤博文は、韓国併合《かんこくへいごう》に反対していたのです。

安重根　そんなの知らんよ。

小林　知らずにやった?

安重根　取りに来たんじゃないの?

酒井　当時、日本には、韓国併合に反対する側と、推進する側と、二つあったのです。

安重根　そういうのは、嘘《うそ》。日本人は嘘つきだから。

酒井　伊藤博文は、反対する側の人だったのです。

安重根　ん?　反対だったの?

酒井　はい。

安重根　反対の人を殺したら、統合されちゃうじゃないかあ。

酒井　あなたは、なぜ、それを調べなかったのですか。

安重根　え？　「なんで」ったって、とにかく日本人の頭目《とうもく》だろう？　だから……。

酒井　ただ、それだけ？

安重根　まあ、悪人の頭目は、殺さなきゃいかんでしょう。

小林　何も考えずにやったわけですね？

安重根　「考えずに」っていうか、よーく考えて、いちばん効果的な人を……。

3　ロシアの共産主義勢力との関係

革命の準備をしているロシア人から援助《えんじょ》を受けていた

酒井　誰《だれ》か、あなたに指図《さしず》した人はいますか。例えば、「ロシアのウラジオストクに行っていた」ということは、ロシアの人と、何か、そういう話し合いをしたのですか。

安重根　ん？　ロシアには、もちろん、日露《にちろ》戦争で敗れて、面白《おもしろ》く思ってない人はいるよね。

酒井　それが、あなたの親分ですか。

安重根　うーん、まあ……。いろいろと助けてくれるっていうか……。

小林　ちょっと教えてください。その助けてくれた人というのは、ロシアのどういう系統の人ですか。

安重根　うーん……。だから、ロシアが負けたことに対して、何ていうか、納得《なっとく》してない人たちもいるからさあ。そういう人たちは、やっぱり……。

小林　もう少し具体的に分かりませんか。どういうタイプの人ですか。

安重根　なんか、ロシアも、革命の準備をしてるらしいので。

小林　ああ、なるほど。時期的にそうですよね。

酒井　そう、ウラジオストクですね。

安重根　なんか、ロシア内部でも、「戦争に負けたけど、革命を起こして、もう一回、日本に目に物見せてやる」って言っている人たちはいるから。

小林　ああ。革命の準備をしている人たちから援助《えんじょ》を受けているわけですね。

安重根　うーん。うーん。

ウラジオストクでの日本人殺害に加わっていた？

酒井　あのころ、ウラジオストクでは日本人がけっこう殺されましたよね。

安重根　うーん……。

酒井　それに加わっていましたか。

安重根　うーん……。そういうことを言うのは、ちょっと、まずいんじゃないか。

小林　ああ。そうだったんですね。分かりました。そういうことをしていたんですね。

酒井　民間人も殺されましたよね。

安重根　いや、それはねえ、日本人は日本にいればいいわけであって、そんな、朝鮮《ちょうせん》とかロシアとかに住むべきではないよね。

酒井　そちらの側ですね。

安重根　うーん。

東学党《とうがくとう》とは、「名前を聞いたことがある」程度の関係

酒井　あなたはキリスト教徒ですが、韓国《かんこく》には、もう一つ、東学党《とうがくとう》という宗教がありましたよね。

安重根　あ、東学党か。うーん……。

酒井　あれとは、どういう関係だったのですか。

安重根　東学党かあ。それは聞いたことあるなあ。

酒井　知らないですか。

安重根　聞いたことはある。

酒井　あまり関係はない？

安重根　聞いたことはある。東学党、東学党……、東学党の乱。うん？

酒井　あれも革命の一つだったんですけどね。

安重根　なんかあったねえ。そういうのがあったような気はするねえ。うーん。

「トカゲの尻尾《しっぽ》切り」で単独犯ということにされた安重根

安重根　よく分からないけど、とりあえず、私は、何だか単独犯にされたような気がする。

酒井　単独犯にされた？

安重根　うーん。

酒井　誰にですか。

安重根　単独犯にされたような気が……。

酒井　誰に？

安重根　うーん……。まあ、それは、事態を収拾《しゅうしゅう》しようとする者かな。

酒井　それは誰ですか。

安重根　単独犯……。

酒井　朝鮮人ですか。

安重根　もし伊藤《いとう》を殺せていたんだったら、当然、日本は朝鮮を取りに来ているはずで、その理由に使われるおそれがある。「組織的な行為《こうい》だ」となったら問題が出るから、「『単独的にやった』ということにしておけば、国としては責任を逃《のが》れられるのではないか」と、そういう隠蔽《いんぺい》に入った人たちはいたよ。

小林　それは、「トカゲの尻尾《しっぽ》切り」をされたのだと思うのですが。

安重根　うんうん。そうそうそう。

伊藤博文《いとうひろぶみ》暗殺の背後に働いていたロシアの意向

小林　質問に戻《もど》りますが、今のお話だと、「ウラジオストク時代以来、ロシアというか、ソ連の共産革命勢力から援助を受けていた」ということですよね。

安重根　まあ、ちょっと……、正しくは理解できないんだけど。

小林　要するに、革命勢力……。

安重根　言っていることが分からないんだけど。

小林　ロシアにいた、革命を起こそうとしている連中から……。

安重根　うん。やっぱり、「『日本憎《にく》し』と思う人たちは、ロシアのなかにもだいぶいた」ということだ。

小林　うーん。

安重根　まあ、そのへんが、何ていうの？　ロシアにも、本当は、「朝鮮半島を支配したい」と思ってた人もいたんだけど、日本にやられたために、それは頓挫《とんざ》したんでしょう？

小林　うーん。

安重根　だから、彼らも抵抗《ていこう》勢力であって、「ゲリラ的に日本を苦しめたろう」と思っている人はいっぱいいいたわけで、それで、いちばん効果的なのは、やっぱり伊藤博文《いとうひろぶみ》の暗殺だった。

小林　では、結局、ロシアの巻き返し勢力に利用されていたわけですね。分かりました。

安重根　うーん、なんかなあ。

小林　そういうわけですね。

安重根　それは、ちょっと分からない。

小林　利用されていたというか、彼らの意向が働いていたわけですね。

安重根　ただ、資金や武器や仲間等の……。

小林　ああ。武器とか資金とかですね。

安重根　いろいろな後ろ盾《だて》はあったような気がする。

酒井　しかし、あなたは韓国の民族独立運動家だったわけですよね。

安重根　うん。そうそう、そうそう。そうなのよ。

酒井　愛国心があったはずです。

安重根　英雄《えいゆう》なのよ。キリスト教精神に基《もと》づいて国を守る愛国……。

酒井　なぜ、ロシアと組んだのですか。

安重根　え？　いや、ロシアと組んだというよりは、そらあ、あのー、うーん、まあ、ロシアにもキリスト教がないわけでは……。

小林　まあまあ、適当に話をつくるのはやめましょうよ。ロシアのキリスト教は、全然関係ないでしょう？

安重根　ああ、そうだ。関係ないな。

小林　ね？

安重根　うんうん。関係ない。

日韓合邦《にっかんがっぽう》前からあった「ロシアが朝鮮《ちょうせん》を援助《えんじょ》する構図」

小林　日韓合邦《にっかんがっぽう》からあと、例えば、日本の天皇や皇太子を暗殺しようとする事件が起きていますが、もとを辿《たど》っていくと、結局、全部、朝鮮《ちょうせん》半島が発信源だったんだけれども、「それを援助《えんじょ》していたのはロシアの勢力だった」ということが、歴史上、明らかになっているわけです。

安重根　うーん。

小林　要するに、「その構図が、日韓合邦前からあった」ということですね。

安重根　うーん……。

小林　ロシアの革命勢力なり、「日本から朝鮮半島を奪《うば》いたい」と思っている連中なりから、武器や資金の援助を受けていたわけですね。

安重根　うん。だから、李氏《りし》朝鮮は、中国の属国でもあったけど……。

小林　長らくね。

安重根　うん。先に中国が日本に負けたでしょう?　だから、中国は頼《たよ》りにならないから、次、ロシアを頼りにしてたのに、ロシアも日本に負けたでしょう？　このままで行けばさあ、朝鮮は日本に占領《せんりょう》されることになるじゃないですか。それは、非常に困りますから。

酒井　では、ロシアに占領されていればよかったんですか。

小林　あなたは、それを考えていたんですね。

安重根　え？　朝鮮《ちょうせん》が南北に割れたのは「日本のせい」？

小林　ロシアには、その後、共産主義革命というものが起きて……。分かりますか。

安重根　ああ……。

小林　今の北朝鮮《きたちょうせん》のような国になったんです。

安重根　ああ。

小林　あのとき、もし、あなたがロシアを引き込《こ》んで、ロシアと組んでいたら、結局、その後、朝鮮半島全部が今の北朝鮮のようになって、北半分どころか、南のほうも丸ごと監獄《かんごく》国家になってしまっていますよ。

安重根　あっ！　北朝鮮は……。なんか、ちょっと、それ、感じる感じる。なんか、北朝鮮と、韓国がねえ……、あ、いや、韓国じゃない。朝鮮が、なんか割れたんだって？

小林　ええ。

安重根　なんで割れたんだろう？

酒井　南北で戦争をしましたからね。それは、ロシアのせいですよ。

安重根　日本が悪いんじゃ……。

酒井　違《ちが》う違う。

安重根　あれ？　日本が悪いんじゃないの？

小林　ロシアと中国のせいですよ。

安重根　え？　いや、日本が……。

酒井　違う違う違う。

安重根　日本が割ったんじゃないの？

酒井　違います。

小林　そのときは、もう日本は戦争に負けて、朝鮮半島から撤収《てっしゅう》していたから関係ないんです。

安重根　民族が憎しみ合うように、うまいこと仕向けて。

小林　いやいやいや。

安重根　つまり、私が伊藤を殺したから、その復讐《ふくしゅう》で……。

小林　適当なことを言うのはやめましょう。その場でつくり話をするのはやめてください。

安重根　うーん。

敵同士を反目《はんもく》させて、その中間で独立を保つのが朝鮮《ちょうせん》のやり方

小林　そうすると、「朝鮮《ちょうせん》戦争があって、今、朝鮮半島が南と北に割れている」という認識はあるわけですね。

安重根　それは、ちょっと、噂《うわさ》では聞いている。

小林　噂で聞いている程度の認識しかないわけですね。

安重根　まあ、そらあ、私は……。

小林　「今、そういう心の状態だ」ということですね。煉獄《れんごく》だか地獄だかに閉《と》じ込められていますからね。

安重根　いや、ある意味、〝貴賓室《きひんしつ》〟ではあるんだけども、〝貴賓室〟から、こう……。

小林　（笑）ひんやりとした〝貴賓室〟ですね。

安重根　「重要人物であるので、出すわけにいかない」っていうことで、やっぱり、一般庶民《いっぱんしょみん》とは分けられているから。

酒井　そうすると、あなたは、「ロシアと組めば朝鮮は独立できる。ロシアは朝鮮の独立を援助してくれる」と思ったのですか。

安重根　ロシアは戦争に負けたことになってるけど、本当に、壊滅《かいめつ》的に負けたわけじゃないので……。

酒井「ロシアは朝鮮を取る」とは思わなかったのですか。

安重根　うーん、まあ、朝鮮には、やっぱり、敵同士を反目《はんもく》させ、その中間でうまく立ち回って、独立を保つ以外、方法がないじゃない？

酒井　事大《じだい》主義というやつですね。

小林　その考え方から脱却《だっきゃく》することが、今の北朝鮮や韓国が国として学ぶべき修行《しゅぎょう》課題だと思いますけれども、それは、後半で話をすることにしましょう。

安重根　うーん。

共産主義国家の統制を「悪いもの」とは思っていない

小林　要するに、もし、ロシアと組んでいたら、朝鮮半島全体が、今の北朝鮮のような共産主義国家になり、多くの国民が飢《う》え死にしそうになっていたはずです。そちらのほうの道へ、あなたは引きずり込もうとしたわけですよ。

安重根　よく分かんないな。よく分かんない。共産主義って、そんなに悪いもんなの？

酒井　悪いものなんです。

安重根　え？　悪いの？

小林　「悪い」と思っていないわけですね。

安重根　だって、そんなに「悪い」っていう評判は聞かないよ。

小林　ああ、聞かないのですね。

酒井　あなたは、自由というものについて、どう思いますか。

安重根　え？　な……。

酒井　言論の自由は欲《ほ》しいですか。

安重根　いやあ、言論の自由っていうのは、よく分からないなあ。

酒井　常に牢獄《ろうごく》にいたいですか。

安重根　いや、よく分からないなあ。言論の自由って、よく分からない。

酒井　あなたは、「自分の言いたいことを言ったら牢獄に入れられるような社会」が好きですか。

安重根　いや、それは、ちょっと分からないけど、まあ、国家の統制があるのは当然だし、国家に反抗するようなことは罪だろうから……。

酒井　そういう人たちは殺してもいい？

安重根　だから、言論としては、「愛国言論」しかありえないんじゃないの？

神によって〝牢屋《ろうや》〟に閉《と》じ込《こ》められている理由

小林　でも、先ほどあなたも同意したように、あなたは、死後、神様によって牢屋《ろうや》に閉《と》じ込《こ》められているわけですよ。

安重根　牢屋に入ってんの？　これ。

小林　ええ。どう見てもそうです。

安重根　貴賓室じゃないのかあ。

小林　いや、違うんです。

安重根　ちょっとねえ、やっぱり、飾《かざ》りが少ないな（笑）。

小林　少ないでしょう?

安重根　ほとんどない。

小林　灰色の壁《かべ》の暗い部屋で、鉄格子《てつごうし》があるのですから。

安重根　あの、え、え、絵ぐらいはあってもいい……。

小林　絵の一枚も飾られていないわけでしょう?

安重根　絵ぐらいあってもいいよねえ。なんか、芸術性が低すぎる。

小林　そうそう。だから、死後のあなたは、どう見ても、客観的には、神様によって牢屋に閉じ込められているんですよ。

安重根　うーん。牢屋か、やっぱり。

小林　うん。牢屋ですよ。

酒井　だって、天使やイエス様が迎《むか》えに来ましたか。

安重根　いや、それはないなあ。

小林　ないでしょう？

安重根　だいたい、「生きてる」と思ってたから、そんなことありえない。

小林　だから、あなたの生前の行為が、死後、神によって、つまり、あなたの信じたキリスト教の神によって、「あなたは、牢屋のほうに行きなさい」というように判定されているんですよ。今の、この状況《じょうきょう》というのは。

安重根　うーん。やっぱり、それほどの重要人物で、影響力《えいきょうりょく》が大きかったんだなあ。

小林　悪いほうにね。

安重根　私を外に出せば、民衆に担《かつ》ぎ上げられて大統領になったりする可能性があるわけだ。

酒井　いやいや、違うんです。危ないんです。

小林　国を滅《ほろ》ぼす可能性があるんです。

安重根　え？

安重根のいる世界では、「マルクスは評判のいい人」

酒井　ところで、ヒトラーを知っていますか。知らない？　ヒトラーとか、マルクスとか、そういう人たちは、みんな隔離《かくり》されているんですよ。分からないですか。

安重根　ヒトラー、マルクス……。

酒井　まあ、分からなければ結構です。

安重根　うーん、どこかで聞いた覚えは、ちょっとだけあるなあ。マルクスっていう名前は聞いたことがある。でも、すごく評判のいい人だよね。

小林　ああ、そういうふうに聞こえるんですね。
安重根　うんうん。
酒井　評判がいい？
安重根　うん。すごく評判がいいじゃない。
酒井　ほお。
安重根　うん。評判のいい人だから。
酒井　ただ、あの人も、あなたみたいに隔離されているんですよ。

安重根　今のロシアの人たちも、なんか、「マルクスはすごく偉《えら》い人だ」と言ってる。

小林　お話を伺《うかが》っていると、あなたが親和性を感じているのは、北朝鮮のような国であったり、マルクスであったりするわけですよね。

これは、しっかりと記録にとどめて、韓国語に翻訳《ほんやく》しなければいけないと思います。

安重根　うーん。まあ、「北朝鮮のような国」という言い方が、もうひとつ分かりにくいんだけれども……。

小林　要するに、共産主義です。

安重根　うーん。

酒井　金日成《キムイルソン》は知っていますか。知らないですか。

安重根　キムイルソン……。うーん。

酒井　知らないんですね。

マルクスやニーチェに対する好感

小林　いずれにしても、「マルクスが大好きだ」ということはよく分かりました。

安重根　え？　うん。いや、マルクスには力があるよ。

小林　うーん。なるほど。

安重根　今ねえ、日本まで攻《せ》め込んでるのは、マルクスだけなんじゃないの？　いや、マルクスとニーチェは、今、日本に攻め込んでるよねえ。

小林　ほお。マルクスとニーチェを尊敬しているんですね。

安重根「マルクスとニーチェが、日本に思想的に攻め込んでる」っていうのは、聞いたことがある。

小林　なるほど。それを、「偉い」と思っているんですね。

安重根　マルクスとニーチェは……。

小林　「大したものだ」と？

安重根　似ている……。

小林　ああ、「似ている」と。

安重根　いや、でも、対立してるのかなあ。マルクスは、キリスト教的なんですよ。とってもね。ニーチェは、キリスト教的ではなくて、もうちょっと……。

酒井　「神は死んだ」と言っていますからね。

安重根　うん。キリスト教的じゃなくて、キリスト教のもっと前の、ヤーウェの神みたいなのを信仰《しんこう》してるんじゃないかなあ。ニーチェっていう人は、きっと。

小林　まあ、いずれにしても、そのへんが好きなわけですね。

酒井　あなたは、そういう国に朝鮮半島をしたかったのですか。

安重根　朝鮮半島には、そういう超人《ちょうじん》っていうか、まあ……。

酒井　マルクスとか、ニーチェとか。

安重根　大救世主が出てこなければいけない。

酒井　大救世主というのは、マルクス？　それとも、ニーチェ？

安重根　いやいや、新しく出なきゃいけないところだよねえ。

酒井　マルクスやニーチェに近い人ですか。

安重根　だから、私が、その役割を担《にな》ってたんかなあ。ただ、今、ちょっと負傷して治してるところだから、時代は、これから開ける。

「長男は中国、次男は朝鮮《ちょうせん》、三男は日本」という見方

小林　話を少し戻しますが、先ほど、あなたが言っていたように、「朝鮮《ちょうせん》は大国に挟《はさ》まれた小さな国なので、上手に泳ぎながら……」。

安重根　「小さな国」って、そういう失礼な。

小林　分かった、分かった。では、「大国に挟まれた国なので、上手に泳ぎながら生き延びるしかすべがない」と言っていましたよね。

安重根　日本は、けしからんですよ。

酒井　なぜ？

安重根　欧米《おうべい》の白人のまねをして、日本が一人だけいい格好してるだろ？

小林　ああ。だいぶ本音が出てきましたね。

安重根　あれは絶対許せない。やっぱり、こちらのほうが先輩《せんぱい》なんだからねえ……。

酒井　先輩？

安重根　うん。朝鮮半島が先輩なんだから……。

小林　ああ、それが言いたいわけね。

安重根　長男が中国で、次男は朝鮮で、三男が日本なんだから、間違ってはいけないのよ。

小林　それを言いたいんですね。分かった、分かった。

安重根　儒教《じゅきょう》的な精神を忘れちゃいけない。

「国家としての選択《せんたく》」を間違《まちが》えて滅《ほろ》んだ李氏朝鮮《りしちょうせん》

小林　その儒教的な精神はいいんだけれども、現実に起きた歴史としては、白人がガーッと攻めてきて、〝長男〟である中国は、アヘン戦争で、事実上、植民地にされ、その後、ほぼ同じ時期に黒船《くろふね》が日本と朝鮮《ちょうせん》に来たでしょう?

安重根　うーん。

小林　それで、アメリカの軍艦《ぐんかん》に島まで占領されましたよね。

安重根　うーん。うん。

小林　国家の危機に際して、日本はイノベーションをして独立を守りましたが、朝鮮は衰退《すいたい》しました。要するに、「歴史的に取り残された中国や、ロシアに逃《に》げ込む」という選択《せんたく》をしてしまったために、国が滅《ほろ》んだんですよ。

安重根　うーん。

小林　「日本が憎い」と言うけれども、国家として選択を間違《まちが》えたわけでしょう？

スターリンを「メシア」と呼ぶ安重根の〝ロシアの友人〟

安重根　ああ、今ねえ、ロシアの友人が、ちょっと近くに来て……。

酒井　誰が来たんですか。

安重根　いやあ……。

酒井　今、来た？

安重根　ロシアの友人が言ってるけど、ロシアには、その後、スターリンっていう「メシア」が出たんだって。

酒井　メシアが出た？

安重根　うん。出たんだって。

酒井　それは、今、聞いているんですか。

安重根　うん。今さっき、ちょっと来て……。

小林　その人が、スターリンのことを「メシア」と言ったんですね。

安重根　「こういう日本人に騙《だま》されないように気をつけなさい」って。

酒井　「気をつけなさい」と、今、アドバイスをしたんですね。

安重根　うん。「ロシアは、その後、偉大《いだい》なる革命に成功して、スターリンっていうメシアが登場したんだ」って。

酒井　はい、はい。

安重根　「だから、君の行動は、ちゃーんと報《むく》いられているんだ」って。

酒井　報いられた？
アドバイスをくれたのは、「あとから〝入院〟してきた人」
小林　その人の名前は？　訊《き》いてみたら？
安重根　うーん。分からん。
小林　何ていう人？
安重根　よく分からないけど……。
酒井　役職は？　どういう立場の人？　仕事としては軍人？

安重根　うーん。なんか、「ロシア革命を起こした関係者だ」ってことは言ってる。

小林　まさか、レーニンとか？

安重根　いやあ、ちょっと、なんか、ずれるので分からないんだ。

酒井　古い人？

安重根　いやあ、私よりあとのような気もする。

小林　あとの人？

安重根　あとから入所してきたのかなあ。

小林　まさか、スターリン本人ではないですよね。

安重根　あとから〝入院〟してきたの。

小林　あ、〝入院〟してきた人ね！　あとから牢屋に入ってきた人が、アドバイスをくれたわけですね。

安重根　あとから〝入院〟して、私のほうが先輩のような気がする。

「マルクス主義は政治性を持ったキリスト教」との妄言《もうげん》

酒井　そうすると、やはり、あなたのお友達は、マルクスとか、そういう思想に共感する人ですね。

安重根　うーん、よく分からないけど、キリスト教的思想だから……。

酒井　キリスト教とマルクス思想は違うんですけれども。

安重根　キリスト教が政治思想に転化したら、マルクス主義的なものになるので。

小林　違う違う違う違う。いいかげんなことを言うんじゃない。

安重根　ま、そういう感じなんだと思う。政治性を持ったキリスト教だ。

小林　キリスト教が政治の視点を持ったら、マルクス主義を滅ぼしにかかるんですよ。

安重根　いや、ある意味で、ニーチェの言うとおり、何て言うのかなあ、そうそう、キリスト教は負けたらいけないんであって、殺されるんじゃなくて、相手を殺さなきゃいけない。悪を打ち倒《たお》さなきゃいけない。

4　安重根に入り始めた霊界《れいかい》の応援《おうえん》

「負けてはいけない」という〝顧問《こもん》〟からの指導

小林　なんだか、急に、「哲学的《てつがく》な人」になってきているんだけれども、今、霊界《れいかい》で誰《だれ》かの指導を受けているでしょう?

安重根　いろいろなあ、今、〝顧問《こもん》〟がいっぱい来てる。

小林　後ろで、〝顧問〟が、いろいろしゃべっているんでしょう?

安重根　うん。

小林　私は、あなた（安重根）と話がしたいんです。だから、そのへんの、〝うるさい顧問〟は、ちょっと引っ込《こ》んでいてもらえますか！

安重根　〝病院〟は、ほかの人で、いっぱい……。

小林　安重根本人と話したいんです。

安重根　仲間が集まってきて、「負けちゃいけない」って、みんな頑張《がんば》ってるから……。

小林　要するに、共産主義者の仲間が、たくさん集まってきて、あなたを指導しようとしているんですね？

安重根　負けちゃいけない。負けちゃいけ……。

小林　ああ。分かりました。要するに、あなたも、「そういう存在」なんだ。

安重根　「ここは危険だから、負けちゃいけない」って……。

小林　あなたには、この大悟館《たいごかん》に、〝危険な存在〟が集まっているように見えるわけだ！

安重根　一人じゃ……。「前に座《すわ》っているのは、善人の顔をしてるけど、検事なんだから気をつけろ」と言ってる。

小林　うん、うん。

酒井　分かりました。

「日本人を奴隷《どれい》にしたかった」と本音を漏《も》らす

酒井　ここで、話を、まったく別の観点に移しますけど、あなたが生きていたのは、李氏朝鮮《りしちょうせん》の時代ですよね？

安重根　うん。

酒井　そのころの経済状態や、人々の人権などは、どうでしたか。中国の属国になっていたころですが、国の経済などは成り立っていましたか。

「半数近くの人が、奴隷《どれい》のように扱《あつか》われていた」と、私は聞いていますよ。さらに、経済もボロボロだったようですが。

安重根　だけど、中国が戦争で日本に敗れてから、中国の力は、かなり衰《おとろ》えた……。

酒井　いや、中国が敗れる前から、あなたがたには人権などなくて、人の処刑《しょけい》の仕方も、畜生《ちくしょう》のような扱いで……。

安重根　難しいなあ。

酒井　要するに、インフラも何にもなかった状態だったんですよ。

安重根　君、よく分からない言葉を使うな。

小林　いや、この人（安重根）は両班《ヤンバン》出身だから、支配階級のほうです。

安重根　え？　え？　野蛮《やばん》？　野蛮？

小林　両班です。

安重根　野蛮？　野蛮人？

小林　あなたは、両班という支配階級のほうだから、言いたくないかもしれないけれども、自分は、奴隷を使っていた立場なんで……。

酒井　ああ。そういう、〝お偉《えら》いさん〟なんですね。

小林　そうですね。

安重根　（酒井を指して）ああ、この人、奴隷なのね。

小林　あなたは、そういう立場で、奴隷を使っていましたよね。

安重根　うん。

小林　それから、リンチ（私刑《しけい》）で、裁判もなしに人を殺していたんですよね。李氏朝鮮の時代には、そういうことをやっていたわけでしょう？

酒井　何か、すごく、うれしそうですよ、今。〝奴隷〟に対して。

小林　あなたの階級の人たちが、やっていたんですよね？

安重根　いやあ、日本人をねえ、奴隷にしたかったのよ、ほんとは。

小林　ああ。だんだん本音が出てきた。

酒井　だけど、朝鮮人を奴隷にしていたんでしょう?

安重根　日本人を奴隷にしたかったのよ、ほんとは。
　朝鮮人にも奴隷はいたけども、彼らを救うためには、奴隷の下の階級として、日本人階級を多くつくれば……。

酒井　ただ、そんな国で、あなたは、よかったんですか。当時、勉強ができる人、教育を受けられる人は、ほとんどいなかった。少なくとも、奴隷階級は教育を受けられなかった。

小林　あなたが奴隷解放をすればよかったじゃないですか。なんでやらなかった?

安重根　いや、だから、日本人を、さらに下の奴隷にすることによって、奴隷は事実上、解放され、中流階級になるじゃない。

日韓併合《にっかんへいごう》によって韓国にもたらされた「恩恵《おんけい》」の数々

酒井　あなたが伊藤博文《いとうひろぶみ》を暗殺し、その後、日韓併合《にっかんへいごう》が行われました。

安重根　うん。あんな悪い男は、殺すべきでしょうね。

酒井　そのあと、何が起こったか、分かりますか。

安重根　そのあとはねえ……。

酒井　奴隷階級の人たちが解放されたんです。

安重根　ええ？

酒井　そして、教育も施《ほどこ》されました。ソウルにも大学ができたんです。

安重根　いや、それは、お金で釣《つ》られたんじゃない？

酒井　お金で釣られたんじゃありません。

安重根　日本のお金に釣られたんだ。

酒井　日本は、財政が苦しくなろうとも、韓国に、そうとうなお金をつぎ込んで、教育も施したんです。

あなたは、それを知らないんだ！

安重根　いや、違《ちが》う違う。日本は、清国《しんこく》とロシアから金を分捕《ぶんど》って、それで懐柔《かいじゅう》したんだ。

小林　違います。日本と一緒《いっしょ》になった結果、韓国の歴史上、初めて経済が発展して、国が豊かになり、人口が七百万から約二千五百万に増えたんですよ。

安重根　それは知らん。それは知らない。

酒井　これは、中国でもロシアでも、できなかったことなんです。

小林　李氏朝鮮も、五百年の歴史のなかでできなかった。

まあ、今の韓国も、そうなんだけれども、そういうことを、全部隠蔽《いんぺい》して、嘘《うそ》をつき、ごまかしている。そうすると、死んだあとのあなたのように、魂《たましい》に薫習《くんじゅう》されてしまうんだが、現実は、そうですよ。

酒井　ハングル文字だって、そうです。日本がキチッと教育を施したおかげで、国民は共通語を持てたんです。

小林　うんうん。あれは、日本が復活させたんですよ。

酒井　あなたがたは、日本のおかげで……。

安重根　うーん。だけどねえ、何かねえ、〝天上界《てんじょうかい》〟からねえ、「おまえは英雄《えいゆう》だ。頑張れ！」という声が……。

酒井　少なくとも、日本は、ほかの列強がしたような、植民地にはしていないんです。国を対等に見ていたんです。

あなたがたの国を発展させようとして、財政が苦しくなりながらも、韓国に対して投資したんですよ。普通《ふつう》、植民地に帝国《ていこく》大学（現・ソウル大学）をつくりますか！

安重根　黄色人種《おうしょく》のくせに白人のまねをした、あの傲慢《ごうまん》さを……。

安重根の援助《えんじょ》に来ているのは「習近平《しゅうきんぺい》の遣《つか》い」

小林　ちょっといいですか。

安重根　ん？

小林　今、〝天上界〟から、「頑張れ」と言っているのは、誰ですか。

酒井　天上界ではなくて、地獄《じごく》界ですよね。

小林　どういう人が、今、あなたに、「頑張れ、頑張れ」という声援《せいえん》を送っているんでしょうか。

安重根　うーん。私のほうが先にいるから、よく分からないんだけど、うーん……。韓国って言うのかなあ？　大韓民国って言うのかなあ？　なんか、偉い人みたいなのが、いっぱい、「頑張れ、頑張れ」って言ってる……。

酒井　それでは、「朴《パク》さんですか？」と訊《き》いてみてください。

安重根　ええ？　「朴さん」は、たくさんいるから分からないよ。

酒井　では、「朴大統領ですか？」と訊いてみてください。

安重根　え？　朴大統領って、何ですか、それ。

小林　今の韓国の大統領なんですけどね。

安重根　「朴大統領ですか?」って?　朴大統領……。うーん、でも、何だか違うな。中国から来てる……。

酒井・小林　おお!

小林　何という人ですか。

安重根　中国から……。

小林　ちょっと、名前を訊いてみてください。

安重根　うん、あのー……。

酒井　「習近平《しゅうきんぺい》ですか?」と。

安重根　「遣《つか》いの者だ」って言ってる。

小林　「遣いの者」ですか。

安重根　「遣いの者だ」って。

酒井　韓国ではなくて、中国なんですね。

小林　誰の遣いだと言っています？

安重根　しゅう、しゅう、しゅう、しゅう……。

小林　しゅう？

安重根　習近平の遣い。

小林　習近平の遣いが、あなたのところに、援助に来ている？

安重根　うん。習近平の遣いの者が、「待遇《たいぐう》を改善するつもりだ」って言ってきている。

酒井　その人は、あなたに、今、何をしろと言っていますか。「騙《だま》されるな！」だけではなくて、何かを言えと言われていませんか。

安重根　それはね、「日本の悪に対して、しっかりとした信念を持ちなさい」ということを言っている。

酒井　ほお。

安重根　それと、「『私は独立のための志士なんだ』と言え」ということを言っている。「清国《しんこく》とロシアに勝った日本は、必ず朝鮮《ちょうせん》を取る」という妄想《もうそう》

小林　そのように言われたということは、あなた自身、自分のしたことを心の奥底《おくそこ》で、「しまった。失敗したのではないか」と思っていて、そういう部分を読み取られたということですよね？

安重根　いやあ、私はね、政治的には正しいと思うんですよ。ただ、「人を殺すことは、いいかどうか」っていう、「クリスチャンとしての良心の痛み」がないわけではないんだけども、やっぱり国民を救うためには、殺すのもしかたないかなあと……。

小林　でも、あなたは、先ほど、「大国に挟《はさ》まれた国としては、『一手の打ち方を間違えると、国が滅《ほろ》びる』ということを、歴史上、よく分かっていた」というようなことを言っていたでしょう？

安重根　うーん。

小林　つまり、あなたが政治的に間違ったことをやった結果、そうなったわけですよね。

安重根　だって、清国《しんこく》に勝ち、ロシアに勝った日本が、朝鮮《ちょうせん》に何もしないわけない。それは、絶対、ありえないじゃない？

酒井　だから、朝鮮に対してはキチッと対応してたんです。あなたは、その後の歴史を知らないから、分からないだけであって……。

安重根　何か因縁《いんねん》をつけて、朝鮮を取りに来るのは、もう、誰が考えたって、分かってることだから。

「伊藤博文《いとうひろぶみ》暗殺」が日韓併合《にっかんへいごう》の原因だったことに驚《おどろ》く安重根

酒井　あなたが伊藤博文《いとうひろぶみ》を殺したのがいけないんじゃないですか。

安重根　え？　私が原因なの？

小林　そうそうそう。

安重根　嘘！

酒井　あなたがやったから、そういうことになったんです。

安重根　嘘！　嘘！　そんな……。

酒井　それはそうですよ。

安重根　そんなはずないでしょう。

小林　あなたが暗殺した翌年《よくねん》に、「こんなことでは、どうしようもない」と、世界の世論《よろん》の賛同を得るところとなって、日韓合邦《にっかんがっぽう》がなされたんですよ。

酒井　併合《へいごう》については、ロシアは認めたし、中国も反対していなかったんです。

安重根　そ……、それだと、私は、単独犯っていうことになって、犠牲《ぎせい》になって、イエスのように十字架《じゅうじか》に架かった……。

小林　中国が宗主国《そうしゅこく》だった時代が長かったので、こういう例を出せば分かると思うんだけども、例えば、中国から、偉い皇帝が、ソウルに来たとします。

安重根　うんうんうんうん。

小林　その皇帝を、あなたが、ズドーンと暗殺したら、韓国はどうなると思います？

安重根　まあ、少なくとも、わしは、車裂《くるまざ》きの刑じゃろうなあ。

小林　そうですね。それで、国は、どうなると思います？

安重根　うーん。

小林　まあ、冷静に考えたら、ただでは済みませんよね。

安重根　まあ、金銀財宝と人質《ひとじち》を差し出して、まず、許しを請《こ》うだろうけど、それで許されるかどうかは、まだ分からないなあ。

小林　中国の性格からすれば、そうですね。

安重根　うん、うん。分からない。

小林　あなたは、そういう知恵《ちえ》のないことをやってしまったわけですよ。

安重根　うーん。だけど、「すごく効率のいい戦いだ」と思ったんだがなあ。

酒井　それは、テロリストの考えですよ。

安重根　「伊藤《いとう》を殺《や》れば、日本人は震《ふる》え上がる」と思ったんだよな。「伊藤でさえ守れなかった」っていうことで、日本の権威《けんい》は地に落ちてしまい、「韓国は恐《おそ》ろしいところだ」ということで、偉い人は、もう韓国に来なくなるんだ。

酒井　ただ、「そのあと、何が起きたか」が問題ですよ。

5　乱入した朴槿恵《パククネ》韓国《かんこく》大統領の守護霊《しゅごれい》

「安重根の霊言《れいげん》」が本になるのを嫌《いや》がる朴槿恵《パククネ》守護霊《しゅごれい》

小林　あなた、今、誰《だれ》かの指導を受けていませんか。

安重根　そうそう。受けてる。

小林　そうでしょう？　安重根にしては、ものすごく論理的で……。

安重根　今、〝家庭教師〟が、いっぱい集まってきてる。

小林　全然、別の人とディベートをしているみたいで、笑ってしまいそうなんですよ。

安重根　そうなの。今ねえ、〝家庭教師〟が、八人ぐらい来てるからねえ。

小林　（〝家庭教師〟に）ちょっと引っ込《こ》んでくれませんか！　そういう人は、別途《べっと》、呼びますから。

素顔《すがお》の安重根と話がしたいのに、これでは、全然、別人物じゃないですか。

安重根　素顔の安重根は、三十歳《さい》で死んでいるから、分からない。

小林　安重根の素性《すじょう》を明らかにするのが今日の趣旨《しゅし》なので、言いたいことがいろいろあるのならば、別途、機会を設《もう》けますから、〝家庭教師〟は、全員、引っ込んでくださいよ。私は、この人（安重根）と話がしたいの。分かった？

ところで、話を元に戻《もど》すけど、あまり、論理的なことを言わなくていいですから……。

朴槿恵守護霊　あのねえ、朴槿恵《パククネ》ですけどねえ（ここで安重根から朴槿恵守護霊《しゅごれい》に入れ替《か》わる）。

小林　あ、別の霊《れい》が入っちゃった。

朴槿恵守護霊　こんな本を出したら許さないわよ！

小林　ああ、朴槿恵（守護霊）が入ってしまったのね。

朴槿恵守護霊　許さない！

酒井　要するに、朴槿恵（守護霊）も来ていたんですね。

小林　ああ。これで、一石二鳥《いっせきにちょう》だ。一回で、二回分の収録ができますから。

酒井　（朴槿恵守護霊に）あなた、来ていたんですか。

朴槿恵守護霊　大統領として、こんなものは……。

小林　うーん。では、朴槿恵（守護霊）に訊《き》きましょう。

朴槿恵守護霊　こんなの、絶対ねえ、もう、日本滅亡《めつぼう》への道ですからね、こんなことしたら。

「中国に亡命《ぼうめい》するため、コネをつくっている」と語る売国奴《ばいこくど》

小林　さきほどの指導は、全部、あなただったんですか。

朴槿恵守護霊　いや、私は今……。

酒井　今、習近平《しゅうきんぺい》と一緒《いっしょ》にいたんですね。

朴槿恵守護霊　いや、私は、今、大変なことを推進してるのにねえ、私の顔を潰《つぶ》すっていうのは……。

酒井　残念ながら、あなたの考えは、もう滅《ほろ》びます。

先般《せんぱん》、エドガー・ケイシーによる「北朝鮮《きたちょうせん》の未来リーディング」が行われました。そのリーディングでは、北朝鮮が韓国《かんこく》に攻《せ》めてきたとき、すでに、あなたの姿はなかったんです（『北朝鮮の未来透視《とうし》に挑戦《ちょうせん》する』〔幸福の科学出版刊〕参照）。おそらく、あなたは、一瞬《いっしゅん》で……。

朴槿惠守護霊　私はねえ、中国に亡命《ぼうめい》するから大丈夫《だいじょうぶ》よ。

小林　あっ、亡命するんですね。

朴槿惠守護霊　うん。そうそうそうそう。そのために、今から……。

小林　国民を残して、自分だけ亡命するわけですか。

酒井　だから、リーディングで、北朝鮮が攻めてきたときに、いなかったんですね。

朴槿惠守護霊　それで、今、コネをつくってるんじゃない。何よ。

小林　その裏約束をしに、一昨日（六月二十七日）、中国へ行ったんですね？

朴槿惠守護霊　今、どこだったら住めるか、見て歩いてるんだから。

酒井　ただの売国奴《ばいこくど》じゃないか。

小林　国民を売り渡《わた》す気だ！

朴槿惠守護霊　中国に言い寄りゃ、一日で逃《に》げれるから。

小林　これは大変だ。

酒井　「私（朴槿恵）は韓国にとって売国奴です」ということで、この本を出します。

朴槿恵守護霊　いや、韓国へ核《かく》兵器を撃《う》ち込む場合、だいたい、前の日には分かるから、私は、もう、国外脱出《だっしゅつ》して……。

小林　前の日に分かるから、自分だけ対処して、中国に行けるわけですね。

朴槿恵守護霊　ソウル市民は助かりませんよ。それは、絶対、助からない。

「北朝鮮《きたちょうせん》による暗殺」を警戒《けいかい》する朴守護霊

酒井　核兵器は、まだ撃たない。それより先に、通常兵器で、青瓦台《せいがだい》（韓国大統領官邸《かんてい》）を襲《おそ》われるんです。

あなたのお父さん（故・朴正熙《パクチョンヒ》元大統領）の場合、危機一髪《ききいっぱつ》で逃《のが》れたけど、あれと、まったく同じことが起きますよ。

朴槿惠守護霊　まあ、両親とも殺されたから、私も、暗殺されるのを、すごく恐《おそ》れてるのよ。うん。（北朝鮮《きたちょうせん》は）絶対、私の暗殺を狙《ねら》ってると思う。

酒井　はっきり言って、北朝鮮は奇《き》襲《しゅう》戦で来るから、日曜日は気をつけたほうがいいですよ。

今回の訪中で習近平《しゅうきんぺい》と交《か》わした「裏取り引き」とは

小林　それで、地上の朴大統領は、もうそろそろ北京《ペキン》から戻ると思いますが、習近平《しゅうきんぺい》と、どんな約束をしてきたんですか。

朴槿惠守護霊　まあ、とにかく、まあまあ……。まあ、はっきり言えば、「安倍《あべ》対策」ですよ。

小林　具体的に言うと？

朴槿惠守護霊　安倍対策ですよ。

「日本が、もう一回、力を付けて、軍国主義国家を復活させる」っていうことは、絶対に、断固、阻止《そし》しなきゃいけない。そのためだったら、中国と、事実上の同盟関係を結んでもいい。まあ、要するに、「北が侵攻《しんこう》さえしないようにしてくれれば、中国の言うことをきく」ということを……。

小林　分かった。つまり、「中国と軍事同盟を結ぶ用意がある」という話をしてきたわけですね？

朴槿惠守護霊　軍事同盟っていうか、まあ、いちおう、アメリカの顔もあるから、これは、裏取り引きなので……。

小林　要するに、昔で言う、「秘密条約」ね。

朴槿惠守護霊　アメリカが守ってくれる場合もありえるから、両方に股《また》がけしなきゃいけない。

酒井　いや、守らないですよ。「中国が背後にいる」と分かったら、アメリカは戦いません。

小林　過去の歴史と同じパターンで、アメリカ、中国と……。

朴槿惠守護霊　韓国って、そういう国なの。しょうがないでしょう？　いつも大国のなかで生きていかないといけない……。

小林　これは、英語に訳して、しっかりアメリカに流布《るふ》しますけれども、要するに「昔でいう、『秘密協定』とか、『裏条約』とか、そういう十九世紀に流行《はや》ったパターンを、中国ともやろうとした」「アメリカと軍事同盟を結びつつ、中国とも裏条約を結んだ」というわけですね。

朴槿惠守護霊　今、経済的には、中国との貿易でナンバーワンになってるんですから。韓国経済をもたせるためには、アメリカについてもいいけど、中国と切れたら大変なことになりますから。経済的には中国のほうが大きいので、中国と……。

小林　ああ。分かりました。

朴槿惠守護霊　まあ、私には、両方に、いい顔をして、八方美人《はっぽうびじん》になるしか、生きていく道はないんだから、しょうがないじゃないですかあ。日本と切れても別に大丈夫だけど……。

「日米同盟は韓国《かんこく》を戦場にする体制」と考えている朴守護霊

小林　記録に遺《のこ》したいから言いますが、韓国《かんこく》国内に、米軍基地があるんだけれども、それは、その状態のままで、いわば、そこを〝人質《ひとじち》〟、〝代償《だいしょう》〟として差し出すために、中国と裏条約を結んだわけですね？

朴槿惠守護霊　米軍にはねえ、犠牲《ぎせい》になる気がないのよ。もう逃げる準備をしてるから。

酒井　いや、それは、中国が背後にいるからですよ。

朴槿惠守護霊　まあ、それはそうだけども……。

酒井　あなたが中国と組むからですよ。中国と組まなければ……。

朴槿恵守護霊　とにかく、逃げる準備をしてるのよ。家族を守らなきゃいけないから。

酒井　それは逃げますよ。三万人しかいないんですから。

朴槿恵守護霊　うーん。だから、家族なんか、もう……。

酒井　中国は、北朝鮮に、どれだけ出してくるか分かりませんが、兵站《へいたん》だって、ずっと補給できますよ。

小林　はっきり言うけれども、例えば、沖縄《おきなわ》など、いろいろなところの日米同盟の基地がしっかりしていれば、少なくとも、北朝鮮は、韓国に攻めてこられないですよ。中国も北朝鮮をバックアップできないんです。そのことを、どう思っているんですか。

朴槿恵守護霊　え？　え？　何？　何？　何？　何を分からんことを言ってるの？

小林　つまり、今の状況《じょうきょう》は、沖縄などに在日米軍基地があって、日本とアメリカが、しっかり、韓国を守る体制になっているんです。この状態であれば……。

朴槿惠守護霊　違《ちが》うのよ。違うの。

小林　つまり、あなたが日本と仲良くすれば、あなたの国は守られるんですよ。それについては、どう思っているんですか。

朴槿惠守護霊　いや、違うのよ。「韓国を防衛する体制」じゃないのよ、「韓国を戦場にする体制」をつくろうとしてるから問題なんじゃない。

「韓国を戦場にしないこと」が、大統領にとって大事なことだから、戦場にしないためには、中国に北朝鮮へのプレッシャーをかけさせるのが、いちばんよ。

小林　あなたが、「ええかっこしい」の発言をしたり、中国に行ったり、そういう大局観のない動きをすると、戦場になるんですよ。話をすり替《か》えないでほしいのですが……。

「日本の民主党を復活させよう」と画策している中国

朴槿惠守護霊　とにかく、私は暗殺されたくないのよ。

小林　要するに、それが、最大の関心事《じ》なんですね。

酒井　しかし、中国のやり方は、フィリピンやベトナムなどを見てみたら分かりますが、「『調整します。話し合いでまとめますよ』と油断させながら、結局、最後は取ってしまう」というやり方なんです。韓国も取られますよ。「調整します」と言われた国は、必ず取られます。

朴槿惠守護霊　今も、日本の民主党を復活させようとして、中国は、いっぱいやってるよ。安倍政権を倒《たお》し、また引っ繰《く》り返そうとして、今、一生懸命《いっしょうけんめい》、動いてるよ。

小林　それは知っているけれども、まあ、それは、歴史的に、「残念でした。もう無理です」という世界ですから。

朴槿惠守護霊　うーん。

「安重根」は「従軍慰安婦《じゅうぐんいあんふ》」の次の手

小林　まあ、あなた自身が、冒頭《ぼうとう》の大川総裁の解説を聞いておられたかどうかは分かりませんが、「中国の経済成長は、八パーセントどころか、三・六パーセントに落ちる。実は、その中国の統計すら、かなり怪《あや》しくて、本当は、ゼロパーセントになるのかどうか、よく分からない」というのが現実ですよね。

それで、もし、日本が経済の復活を果たし、アメリカが経済の復活を果たせば、経済が停滞《ていたい》する中国は軍事拡張を続けられなくなって、実は、力関係は、再度、逆転するんですよ。

この大局的動きのなかで、あなたは、どういう選択《せんたく》をするつもりなんですか。

朴槿惠守護霊　うーん……。まあ、とにかく、「従軍慰安婦《じゅうぐんいあんふ》」だけでは足りないらしいから、今、「日韓併合《へいごう》」の〝代金〟も要求しようとしてるわけです。

小林　なぜ、従軍慰安婦の話が、ここに来て潰れたんですか。

朴槿惠守護霊　もう、おまえらが悪いんだ！

あんたらでしょうよ!?　あんたらが悪いことしてるんでしょう?

小林　要するに、「幸福の科学にやられた」と思っているわけですね?

朴槿惠守護霊　ああ。あんたらが、安倍政権に〝憑依《ひょうい》〟してるんでしょう?

小林　従軍慰安婦の話が潰れたのは、ハッピー・サイエンスのアクションによる効果だと認めているわけですね?

朴槿惠守護霊　あんたらがやったのは分かってるよ。それは、もう、外交筋で、ちゃんと入ってるから。

小林　今の発言からすると、当然、「実は、もともと、それは韓国政府が仕掛《しか》けていたことだ」と認めるわけですよね?

朴槿惠守護霊　うーん。いやあ、やられた。

日本のマスコミは、誰もあなたがたを批判しないから、それは、「認めた」っていうことだろう?

小林　そうですよね。

朴槿恵守護霊　だから、次の手として、私は天才だから、「『安重根』で中国と提携《ていけい》しながら、日本と対抗《たいこう》する」っていうことを考えた。

つまり、七十年間の話を、百年まで引っ張ろうとしてるわけじゃないですか。

小林　つまり、「従軍慰安婦」を、ハッピー・サイエンスに撃ち落とされたから、「安重根」を持ち出したんですね。

朴槿恵守護霊　次の手を考えたの。

小林　次の手を考えたわけですね。

朴槿恵守護霊　うんうん。「米国の帝国主義的侵略《ていこくしゅぎてきしんりゃく》」から守るための中国・北朝鮮《きたちょうせん》との同盟

朴槿恵守護霊　これだと、最後は、北朝鮮《きたちょうせん》とだって組める可能性があるから……。

酒井　あなた、北朝鮮と組むつもりですか。

朴槿恵守護霊　いや。最後は、中国が仲裁《ちゅうさい》してくれれば組めるもん。

小林　ああ。これも、しっかり、ハングルに訳さなきゃいけないですけど、あなたは、北朝鮮と組むつもりなんですね？

朴槿恵守護霊　だから、中国が仲裁するかぎり……。

小林　組むつもりなのね？

酒井　ほお。

朴槿恵守護霊　アメリカと戦うためには……。

酒井　北朝鮮と組めるんですか。

朴槿恵守護霊　うん。あ、いや……。

小林　これも、しっかり、韓国民に伝えなければいけませんね。

朴槿恵守護霊　中国は、今、世界的な圧力から、北朝鮮に圧力をかけてるようなふりを見せているけど、本気じゃない。

当然、北朝鮮の核兵器を、日本や、東南アジアの近隣国《きんりんこく》、それから、アメリカに味方する国たちへの威嚇《いかく》に使うつもりでいるので、中国は北朝鮮を絶対に潰すつもりはない。

そのときに、「経済的には韓国、軍事的には北朝鮮」ということで、中国の同盟国として一緒になって、アメリカの帝国《ていこく》主義的侵略《しんりゃく》から守ろうと考えてる。

小林　あっ、「アメリカの帝国主義的侵略」と言いましたね？　これは、もう、大至急、英語に訳しますわ。

朴槿惠守護霊　だって、今、アメリカは、どんどん引いてるよ。

酒井　それは、あなたがたの態度がおかしいからですよ。

ところで、金正恩《キムジョンウン》とあなたは、〝お友達〟になれますか？

朴槿恵守護霊　いや、あんなのは、子供だから、私の養子にしてやりゃいいんじゃないの？

酒井　ええ？

6　中国にすり寄る理由

本音は、「竹島《たけしま》防衛のため、中国に尖閣《せんかく》を取ってほしい」

小林　何でも人のせいにするようなので、はっきりと言っておきますが、あなたの前の李明博《イミョンバク》大統領のとき、オバマは彼と肩《かた》を組んで、「米韓《べいかん》同盟で絶対に守る」と言っていましたよ。

朴槿恵守護霊　うーん。

小林　なぜ、あなたが大統領になってからは、急に引いているように見えるのですか。

朴槿恵守護霊　シリアを見たら分かるじゃない？　アメリカは何にもしないで、内戦でやられてるじゃない？　もし、韓国で十万人も死んだら、そのときは、もう、私だって死んでるよ。

小林　そのときに、一生懸命《いっしょうけんめい》、アメリカを引き込《こ》むことが、あなたの仕事であり、使命なのではないですか。

朴槿恵守護霊　うーん。だけどねえ、アメリカは駄目《だめ》よ。アメリカは、なんか駄目なのよ。

小林　では、「アメリカは、もう駄目だ」と思っているんですね？

酒井　だけど、北朝鮮《きたちょうせん》と中国はいい？

朴槿恵守護霊　いやいや、まあ、もっとはっきり言おうか？　今ねえ、日本との領土紛争《ふんそう》が非常に大きいのよ。つまり、「竹島《たけしま》防衛」と「尖閣《せんかく》防衛」は一緒《いっしょ》なの。だから、もし、中国が尖閣を取れたら、もう、日本は絶対に竹島を取れないから、中国にちゃんと尖閣を取ってほしいのよ！

小林　アメリカは、「中国には絶対に尖閣を取らせない」と言っていますが、それについては、どう思っているんですか。

朴槿恵守護霊　今、アメリカは、オバマさんが「核《かく》のない世界へ」って言って核兵器を捨てようとして、だんだん孤立《こりつ》主義のほうへ向かっている。アメリカが「防衛しない」って言えば、それで終わりになるから、中国に尖閣を取ってほしいのね。そしたら、竹島は、もう永遠に韓国のものになる。

竹島と尖閣は一緒なの。これは同じ問題なのよ。

「中国も韓国《かんこく》も体制に変わりはない」という認識

酒井　その戦略でも構いませんが、韓国《かんこく》が中国や北朝鮮と仲良くなった場合に、北朝鮮が何を考えているかというと、金正恩《キムジョンウン》の守護霊が明確に言っていたのは、「金が欲《ほ》しい」ということです（『北朝鮮―終わりの始まり―』〔幸福実現党刊〕参照）。つまり、欲しいのは韓国の金だけであり、人権はありません。

朴槿惠守護霊　うん。

酒井　だとしたら、韓国人はどうするのですか。あなたは逃《に》げればいいかもしれませんが、残された韓国人はどうします？

朴槿恵守護霊　いや、中国人になれば……。

酒井　「中国人になれ」と？

朴槿恵守護霊　まあ、中国人の仲間になればいいじゃない。

酒井　だったら、人権はないですね。

朴槿恵守護霊　中国は発展して、世界一なんだから。

酒井　政府を批判したら投獄《とうごく》されますよ。少なくとも、韓国は自由の国でしょう？

朴槿恵守護霊　いや、そりゃあ、韓国だって投獄ぐらいしてますよ。

小林　あっ、「韓国も投獄をしているから、中国から同じように投獄されても、国民にとっては、別に大して変わらない」ということですか。

朴槿恵守護霊　韓国だって一緒ですよ。

小林　「一緒だからいい」ということですか。

朴槿恵守護霊　だから、中国がやってるのと一緒で、安倍《あべ》の写真ぐらい、みんな焼いてますよ。

中国を押《お》さえておけば、北朝鮮《きたちょうせん》は攻《せ》めてこない？

小林　中国は、チベットであれだけ人権を無視して、百万人ぐらい殺しているのですが、「韓国も似たようなものだ」と言いたいんですか。

朴槿恵守護霊　日本を攻撃《こうげき》しとけば、国民に対して弾圧《だんあつ》したって、国民は黙《だま》ってるから……。

酒井　あなたは、韓国の国民を守る？　守らない？

朴槿恵守護霊　まあ、今、守るように世論《せろん》づくりを誘導《ゆうどう》してるところよ。

酒井　守れないんでしょう？

朴槿恵守護霊　中国とくっついといたほうが有利だから。

酒井　だけど、北朝鮮《きたちょうせん》は奇襲《きしゅう》してきますよ。

朴槿恵守護霊　いや、そんなことはなくて、中国を押《お》さえとけば大丈夫《だいじょうぶ》なんだって。

酒井　それでも、奇襲してきますよ。

朴槿恵守護霊　いや、しやしない。

酒井　中国は、それをさせるんですよ。

朴槿恵守護霊　いや、中国はやらせないのよ。あっちは、軍事的にアメリカと日本を威嚇《いかく》し、韓国と共生する。

酒井　させるんです。北朝鮮の奇襲は、そうしたときに、「アメリカがどう出てくるか」「日本がどう出てくるか」ということの実験なんです。習近平《しゅうきんぺい》は、あなたほど頭が悪くないんですよ。

少なくとも、韓国から、大量の難民が出てきます。あなたは、その責任を、どう取るのですか。

朴槿恵守護霊　うーん。まあ、それは分からないけども、とにかく、安倍の軍国主義を封《ふう》じようと思ったら、「安重根」で、伊藤《いとう》のところから全部否定して、明治政府から全部否定するのがいちばんなのよ。

「李氏朝鮮《りしちょうせん》時代から中国の属国」という抜《ぬ》きがたい意識

小林　ちょっといいですか。あなたは頭が悪すぎます！

「アメリカが引くからしかたがない」と言っていますが、「アメリカが引く」ということは、「その分、中国が出てきて、韓国から何から、全部取られる」ということですよ。日本には、韓国と違《ちが》って国力があるので、自主防衛して立ち向かう潜在《せんざい》力を持っていますが、あなたの国には、あなた自身や安重根が言っていたように、その力がありません。そのため、「アメリカを引かせないようにする」、あるいは、「日本と組む」という選択《せんたく》をしないかぎり、全体主義国家に呑《の》み込まれる運命が待っているんです。

もし、尖閣を中国に取らせたら、あなたの国が呑み込まれる最初の戦端《せんたん》を開くことになり、次は、あなたの国に押し寄せてくるのに、どうして、それが分からないんですか！

朴槿恵守護霊　何言ってんのよ。中国は、フィリピンもベトナムも取ろうとしてるんでしょう。

酒井　そうですよ。

朴槿恵守護霊　そこが取れるなら、韓国を取れるのは当たり前じゃないですか。

小林　それは分かっているんですね。

朴槿恵守護霊　だから、もう、同じ経済圏《けん》に入ろうとしてるんじゃないですか。

酒井　では、あなたは、韓国を明け渡《わた》すんですね？

朴槿惠守護霊　歴史上、ずっとそうだったんだから。

酒井　韓国が、チベットやウイグルのようになってもいいんですか。

朴槿惠守護霊　ええ？　李氏朝鮮《りしちょうせん》時代から、全部、中国の属国なんですから。

小林　分かりました。祖国を売り渡そうとしているわけですね。

朴槿惠守護霊　売り渡すって……。日本に支配されるよりいいでしょう？
　もし、安倍の軍国主義を認めたら、北朝鮮が攻《せ》める前に、どうせ韓国がやられちゃうじゃないですか。

「日本がいつ竹島《たけしま》を取りに来るか」が心配でしかたない

酒井　今の日本が、あなたがたを支配すると思いますか。

朴槿惠守護霊　ええ？　あなたがたの意見からいくと、北朝鮮をどうにかするでしょうよ。北朝鮮をやって、それで韓国に対して、何もしないでおれるわけないじゃない。当然、通りすぎていくでしょう？　当たり前じゃない。

小林　違います。それならば、あなたがたが、要するに、自由主義国家として、朝鮮半島を統一すればいいじゃないですか。

酒井　「自由の朝鮮半島」にするか、「全体主義の朝鮮半島」にするか、この選択ですよ。

小林　「自由の朝鮮半島」に統一すればいいじゃないですか。

朴槿恵守護霊　アメリカの海兵隊が引いていったら、代わりに、日本軍が韓国に常駐《じょうちゅう》するようになるのよ！

小林　アメリカの海兵隊に引かせないように〝頑張《がんば》って〟いたのが、李明博《イミョンバク》大統領でしょう。あなたが、それだけの指導力を発揮すれば、そんなことは、一発で変えられますよ。

朴槿恵守護霊　だって、あんたらが、また、いつ、竹島《たけしま》を取りに来るかと思うと、それが心配で心配でしょうがない。だから、中国が公船を送って威嚇してくれると、とてもうれしいのよ。

酒井　あなたは小さい！

7 中国は「自由主義国家」なのか

中国のノーベル賞受賞者が投獄《とうごく》されたのは「個人的な問題」？

酒井　あなたの政治的な考えが聴《き》きたい。中国は、全体主義の国か否《いな》か。

朴槿恵守護霊　中国は、中華《ちゅうか》人民共和国じゃないですか。

酒井　国名は関係ありません。中国は、「自由のある国」か、「全体主義の国」なのか。この二つに一つです。どちらですか。

朴槿恵守護霊　まあ、価値観は、みんな、いろいろとあるから分からないよ。

小林　結論を言ってください。

酒井　あなたは、どう思っている？

朴槿恵守護霊　いやあ、歴史のある国ですよ。

酒井　いや、歴史はどうでもいいんです。

小林　要するに、「独裁国家かどうか」ということを訊《き》いているんです。

朴槿恵守護霊　いや、だって、中国は、トップがアメリカまで行って話し合いができ、もう、今、〝G2時代〟が始まったんですよ。

小林　分かりました。イエス、オア、ノーで答えていただけますか。

朴槿恵守護霊　うん。

小林　中国という国に関して、「独裁国家かどうか」、あるいは、「軍事覇権《はけん》主義国家かどうか」、価値判断ではなく、どう事実判断をしますか。

朴槿恵守護霊　いやあ、中国はもう、「自由主義国家」だと思いますねえ。

小林　おお！

朴槿恵守護霊　経済的に見ても、完全に西側に入ってる。

小林　ああ。

酒井　では、ノーベル賞を取った人は、なぜ……。

朴槿恵守護霊　個人的な問題でしょ?

小林　これは、もう、即翻訳《そくほんやく》をして、各国で同時発刊しなければいけませんね（笑）。

朴槿恵守護霊　個人的に政治の体制に対して反発したからじゃないの。

朴正熙《パクチョンヒ》元大統領とは、「今、父娘《ちちむすめ》で仲が悪い」

酒井　あなたのお父さんは、日本に恩義があるはずですよ。お父さんは、何と言っていますか。

朴槿恵守護霊　いや、お父さんは殺されたからねえ。やっぱり、あたしは、あのイメージが強くてねえ、ああいうふうにはなりたくないのよ。だから、日本寄りになったら、「ああやって殺されるんだろうなあ」と思うんです。

小林　それが原点なんですね。それで今、お父さんは、あの世で、何か言っていますか。

朴槿恵守護霊　お父さんはねえ、今、ちょっと父娘《ちちむすめ》で仲が悪いんです。

小林　ああ、仲が悪いんですか。

お父さんは、ご生前、大局観があったため、「竹島《たけしま》のことで紛争《ふんそう》をしていては、この国を守れない。紛争のネタになるぐらいなら、竹島などという小さい島は、爆破《ばくは》してなくしてしまったほうがましだ。そうすれば、日本と韓国《かんこく》が組んで、中国に対抗《たいこう》できる。あんなばかばかしい島のために喧嘩《けんか》をしていたのでは話にならないので、それだったら、あんなものは爆破してしまったほうがいい」というようにおっしゃっていたんです。

朴槿恵守護霊　お父さんは、日本で教育を受けたから、洗脳されてるのよ。

小林　いや、そういう問題ではなくて、「『韓国という国の独立を、どうやって守るか』という観点に立ったら、必然的に、そういう答えが出てきた」ということなんですよ。

中国に侵略《しんりゃく》された「チベット」「ウイグル」の惨状《さんじょう》

朴槿恵守護霊　韓国は、絶対に日本の経済を抜《ぬ》くのよ。あなたがたは、みんな、ヒュンダイやサムスンに支配されるのよ！

酒井　抜こうが何をしようが構いません。ただ、フィリピンやベトナムなど、アジアの平和はどうするんですか。

朴槿惠守護霊　アジアの平和は、中国が責任を持って見るんじゃないでしょうか。未来は、もう、九十パーセント、これで決まってる。

小林　その結果、何百万人も何千万人も虐殺《ぎゃくさつ》されるわけですね。

酒井　チベットの現状は知っていますか。

朴槿惠守護霊　チベットは平和になったじゃないですか。

小林　あ、そういう認識なんですね。では、ウイグルはどうです?

朴槿惠守護霊　あの悪い、後《おく》れた国が、中国が入ってくることによって、高速鉄道も入って、進化したじゃないですか。

酒井　自分の国の言葉も使えないんですよ。それでいいのですか。

朴槿恵守護霊　いいんじゃないですか。

酒井　そうすると、韓国も、「ハングルは使わずに中国語を使う」ということになりますが。

朴槿恵守護霊　いや、それはいつでもできますよ。韓国は、昔、中国語を使ってましたから。

酒井　それでいいんですか。韓国の歴史は抹殺《まっさつ》されますよ?

朴槿恵守護霊　韓国に歴史なんかありませんよ。

酒井　「歴史はないから抹殺されてもいい」ということなんですね。

朴槿恵守護霊　ハングルで書いた歴史はないですから。

小林　あなたは気軽に言っていますが、例えば、ウイグルでは、純潔のウイグル人を残させないために、「漢人、つまり、中国人と結婚《けっこん》しなかったウイグル人女性は、不《ふ》妊《にん》手術を受けさせられる」ということが、現に平気で行われているわけです。

そういった事実を、どう考えているんですか。同じことが韓国に強制されてもいいんですか。それが自由の国ですか。

朴槿恵守護霊　まあ、韓国の経済的な発展を守らなきゃ、中国は損ですから、侵《おか》されることはないと思ってます。

小林　そういう甘《あま》い判断をしているんですね。

朴槿恵守護霊　うーん。

酒井　経済だけですよね。

旧権力者が弾圧《だんあつ》されない日本は「理解できない」

小林　要するに、あなたは、「政府に対して批判的な言動や、自由な言動をした人は、全員、投獄《とうごく》して殺される」ということについて、「どうでもいい」と考えているんですか。

朴槿恵守護霊　いや、私だって、次の大統領に替《か》わったら、いつ投獄されるか分からないですから。韓国だって、一緒《いっしょ》なんですよ。

小林　ああ、「基本的に一緒だ」という認識なんですね。

朴槿恵守護霊　たぶん、似たようなもんです。権力者が替われば弾圧《だんあつ》されるのは、韓国も一緒ですから。

小林　要するに、「言論の自由や自由主義、人権、近代国家、法治国家、法治主義などといった、近代の人類の文明的な遺産を、中国も韓国も持っていないところは同じだ」と？

朴槿恵守護霊　いやあ、私は理解できないんですよ。

小林　あ、理解できないんですね。

朴槿恵守護霊　安倍《あべ》とか麻生《あそう》とか、あれだけ叩《たた》き落とされて放逐《ほうちく》された人が、もう一回、政権に戻《もど》ってくるなんて、こんな国は理解できないの。

小林　それが文明国家なんですよ。

朴槿恵守護霊　理解できないんですよ。

小林　文明国家が理解できないんですね。

朴槿恵守護霊　何で殺さないんですか。

小林　それが文明国家なんです。

朴槿恵守護霊　安倍なんか投獄しときゃよかったのに。

酒井　中国というのは、だいたい、そうやって、政権が替わると皆殺《みなごろ》しをする国なんですよ。

朴槿恵守護霊　投獄したら、もう復活できないじゃないですか。だから投獄しなきゃいけないの。

小林　それは、原始時代の野蛮人《やばんじん》同士の戦争と同じで、「占領《せんりょう》したら、相手の一族を丸ごと皆殺しにする」というようなことです。それをいまだにやっているということですよ。

アメリカに頼《たよ》るより、「中国のほうが安心」？

朴槿恵守護霊　まあ、「遠くの親戚《しんせき》より近くの他人」ですよ。だから、アメリカに頼《たよ》るよりは、中国のほうが安心です。

中国は、いざというとき……。

酒井　それは違《ちが》います。「遠交近攻《えんこうきんこう》」という言葉があるでしょう。

朴槿恵守護霊　ああ、そうとも言うね。

酒井　つまり、「遠くの国と友好関係を持って、近くの国との戦争に備える」という外交政策です。あなたは戦略を間違えていますよ。

朴槿恵守護霊　ああ、そう……。間違えたかなあ。まあ、それはいいけども。

小林　いやいや、よくないですよ。あなたの、その判断一つで、国の運命が決まるんです。

朴槿恵守護霊　でも、もし、私が中国の習近平《しゅうきんぺい》と、ホットラインで強いパイプを持っていれば、北朝鮮《きたちょうせん》が侵攻《しんこう》してこようとしても止められますもの。電話一本で。

小林　いやいや、電話一本で、あなた一人だけは逃《に》げ出すことができるかもしれませんが、取り残された国民は、戦車に踏《ふ》み潰《つぶ》され、逮捕《たいほ》され、投獄されますよ。そのことに関して、どう考えているんですか。

朴槿恵守護霊　そうしたら、統一されたあと、私は、中国から帰ってきて、統一朝鮮の大統領になるわけです。

小林　要するに、人権無視の全体主義国家の大統領になるわけですね。

酒井　中国は、シナリオとして、ある程度、北朝鮮にやらせるだけやらせるんです。そして、「それを調停したのが習近平だ」と言って、国際的に評価を得ようとしているんですよ。少なくとも、韓国は捨て駒《ごま》です。

「オバマでは中国に勝てない」と判断する理由

朴槿恵守護霊　まあ、少なくとも、「オバマさんは中国に勝てない」ということが、この前のＧ２でよく分かりましたから。

酒井　では、「アメリカ的な考え方は、これからの世界の潮流《ちょうりゅう》ではない。世界の潮流は中国だ」と考えているんですか。

朴槿恵守護霊　だって、中国の指導者と会ったあと、「核《かく》兵器を三分の一に削減《さくげん》する」っていうんでしょ？　これは、もう、「負けた」っていうことですよ。

小林　あのねえ、もう少し勉強してほしいんだけども、アメリカの持っている核兵器の数は、七千数百発です。それに対し、中国は、たったの二百四十発しか持っていないんです。だから、アメリカが三分の一に減らしたとしても、大勢《たいせい》には何の影響《えいきょう》もないんですよ。
それを考えた上で、アメリカは行動しているんです。
あなたは、そのことを考えていました？　知らなかったでしょう？

朴槿恵守護霊　うーん。だけど、中国人は、国民が一億人ぐらい死ぬことを何も恐《おそ》れてないけど、アメリカ人は、一億人が死ぬことをすごく恐れるでしょう？　だから、核戦争をやったら中国の勝ちですよ。

小林　しかし、それと同時に、中国という国は、負ける戦争は絶対にしないんです、歴史を辿《たど》ると分かりますが。
あの国は、そういうところは非常に合理的ですから、しっかりと抑止力《よくしりょく》を持っていれば攻《せ》めてこれないいんですよ。

朴槿恵守護霊　うーん。

小林　これは、われわれ日本人も経験していて、歴史が証明しています。だから、ああいう国に対して、いちばんまずいのは、すり寄ることです。これがいちばん危険なんです。

“安倍《あべ》軍国主義”による韓国攻撃《かんこくこうげき》を警戒《けいかい》する朴大統領

朴槿恵守護霊　まあ、とにかく、私はねえ、尖閣《せんかく》をめぐってねえ、もうすぐ日本軍が中国に攻撃《こうげき》をかけると見ているので、それだったら、同時に竹島《たけしま》もやられると見ているの。

酒井　それは逆です。

朴槿恵守護霊　尖閣の中国軍を攻撃できるなら、竹島にいる韓国軍だって攻撃できるじゃないですか。

酒井　あなたは、なぜ、竹島が欲《ほ》しいんですか。

朴槿恵守護霊　だって日本は、竹島をステップにして、次は当然、韓国本土に攻めてくるでしょう？　〝安倍《あべ》軍国主義〟は、竹島を取れば、次に韓国本土を狙《ねら》うはずよ。

小林　それは、超誇大妄想《ちょうこだいもうそう》ですね（笑）。

朴槿恵守護霊　だから、あれ（竹島）は、うちの防衛戦なの。うちの防衛戦なのよ。

8　習近平《しゅうきんぺい》との深い縁《えん》

「中国時代の魂《たましい》の記憶《きおく》」を語り始めた朴槿恵守護霊

酒井　ちょっと待ってください。あなたは守護霊でしょう？

朴槿恵守護霊　うん。

酒井　あなたは、いったい誰《だれ》なんですか。

朴槿恵守護霊　「誰」って、だから、朴よ。

酒井　いやいや。朴さんは、地上で生きている人です。あなたは誰？

朴槿恵守護霊　だから、守護霊よ。

酒井　名前があるでしょう？

小林　過去世《かこぜ》は？

朴槿恵守護霊　うん。朴……。

酒井　どこにいた人ですか。

朴槿恵守護霊　まあ、朴よ。

小林　いや、過去世を教えてください。

朴槿恵守護霊　（酒井に）う―ん、あんた、目つき悪いねえ。なんか嫌《いや》な感じ。まあ、私は中国人よ。うん。

酒井　中国人なんだ？

朴槿恵守護霊　うん、うん、う―ん。

小林　どの時代の？

朴槿恵守護霊　「どの時代」って、まあ、そりゃ、どこかの時代だよ。どれかの時代。

酒井　ちゃんと言いなさい。

朴槿恵守護霊　あ、うーん。まあ……、皇后よ。いや、皇后じゃないわ。ええ、何だ？あの……、皇帝《こうてい》の〝あれ〟だよ。

小林　皇帝にもいろいろな人がいますけれども、どの王朝だったかな？

朴槿恵守護霊　うーん……。うん、「元《げん》」の時代。

小林　元ね？　元の時代の中国人で、元王朝に入って、皇帝の妻になった人ね？

朴槿恵守護霊　うん、そう。

かつての「元《げん》」に支配された「金《きん》」の国の人？

小林　元《げん》の、誰の時代だったんですか。

朴槿恵守護霊　うーん……。

酒井　フビライさん？

朴槿恵守護霊　フビライ……、よりも前だったような気がする……。

小林　フビライの前？　ということは、「モンゴルに嫁《とつ》いでいった」ということ？

酒井　あなたは「金《きん》」の人？

朴槿恵守護霊　いや、支配されてたから。あの、「南京《ナンキン》」って言った？

酒井　あなたは金の人でしょう?

朴槿恵守護霊　金か。あのあたりにいたんだけど、あのへんで、なんか攻《せ》め落とされたんだよ。

酒井　攻められたんだ?

朴槿恵守護霊　そう、攻め取られたのよ。国を取られて「チンギス・ハン」の側室《そくしつ》となった過去世《かこぜ》

朴槿恵守護霊　攻め取られたけど、まあ、向こうのなかに入って……。

酒井　それだと、チンギス・ハン本人じゃないですか。

朴槿恵守護霊　あ、そうだ。うん、まあ、なんか……。

酒井　まあ、攻め取られたからね。

朴槿恵守護霊　なんか、攻められた感じがする。

小林　ああ、分かった。チンギス・ハンの側室《そくしつ》に入っていたわけですね？

朴槿恵守護霊　うん。まあ、たぶん。攻められて……。要するに中国軍のほうだったんだけど、元が下りてきて、攻め落とされた感じはする。だから、「〝南京〟大虐殺《だいぎゃくさつ》」って、実際、あったのよ。

酒井　いやいや。それは、その当時の話ですね。

小林　そうすると、その当時だと、例えば、「人質《ひとじち》か何かになって、チンギス・ハンのところに送られて、事実上の奥《おく》さんになった」というような立場ですか。

朴槿恵守護霊　チンギス・ハンには、たくさんいるから。そらあ、いっぱいいるわよ。まあ……。

小林　もしかして、〝習近平《しゅうきんぺい》〟は過去《かこ》世《ぜ》での旦那《だんな》さんですか？（『世界皇帝をめざす男』〔幸福実現党刊〕参照）

朴槿恵守護霊　ううーん……。「旦那」というのは、畏《おそ》れ多い。

小林　「畏れ多い」？　側室だった？

朴槿恵守護霊　うん、うん。それは、畏れ多い。

小林　つまり、過去世で〝習近平〟の側室だったわけですね。

酒井　正妻《せいさい》ではないけれども、側室だった？

朴槿惠守護霊　まあ、それは……、〝支配〟されたわよ。うん、支配ね。

酒井　なるほど。

中韓《ちゅうかん》首脳会談での習近平《しゅうきんぺい》との親密ぶりは「魂《たましい》の縁《えん》」

小林　もう一回、確認しますね。習近平《しゅうきんぺい》、つまり、チンギス・ハンの側室だったんですね？

朴槿惠守護霊　支配はされた。〝習近平〟に、支配はされた。

小林　「習近平の過去世に支配された」と？

朴槿惠守護霊　うん、うん、うん、うん。それはそうだ。だから、今も仲良くなろうとしてるんじゃないの？　おんなじことをしようとしてるだけよ。

小林　「同じことをしようとしている」というわけですね？

朴槿惠守護霊　うん。うん。

小林　では、中韓《ちゅうかん》首脳会談では、けっこう、話のウマが合った？

朴槿惠守護霊　うん。大丈夫《だいじょうぶ》よ。だから、一緒《いっしょ》になっても大丈夫なのよ。

小林　要するに、「過去世で縁《えん》があったから、大丈夫」と思っているわけですか。そういうレベルの判断ですね（笑）。

酒井　昔も滅《ほろ》ぼされたんですね？

朴槿惠守護霊　昔も占領《せんりょう》されてるから、大丈夫なのよ（朴槿惠大統領の過去世は、チンギス・ハンの第四后妃《こうひ》として嫁いできた金〔中国〕の皇帝の娘《むすめ》、グンジュ〔公主〕だと推定される。これが朴大統領自身の霊体《れいたい》の一部でもある守護霊である。著者注）。

「国民を捨てて権力者にすり寄った過去」を繰《く》り返すのか

小林　それで、そのあと、金の国は丸ごと滅ぼされましたよね。

朴槿惠守護霊　ちゃんと、私の命は、な……。

酒井　そのあと、金の人たちはどうなった？

朴槿恵守護霊　知らない。

酒井　知らない？

朴槿恵守護霊　うーん、まあ、いいじゃん？　歴史は変わるんだから。

酒井　そのあと、金の人たちは、あなたのことを恨《うら》んでなかった？

朴槿恵守護霊　そりゃ、恨んだだろうね。ま、そりゃそうだろうけども……。

酒井　今回もそうなったら、韓国の国民も恨みますよね？

朴槿惠守護霊　しょうがない。女が生きていく道は、ほかにないでしょう？

酒井　あなたが生き残るために、これを、今、やっているわけだ？

朴槿惠守護霊　女は、権力者のほうへ寄っていくのがいちばんよ。

酒井「韓国のことは、もうどうでもいい」と？

朴槿惠守護霊　権力者にすり寄れば、女は生きていける。

小林　要するに、国家を丸ごと〝側室〟にして、貢《みつ》いじゃったわけですね。そうやって、国の運命を決めたと。

野蛮《やばん》な韓国《かんこく》から逃《に》げるための〝身元保証人〟が中国？

朴槿恵守護霊　韓国《かんこく》っていうのは、私の父みたいな大統領さえ殺されるような、そんな野蛮《やばん》な国だからね。もう、怖《こわ》いですから、いざというときの〝身元保証人〟が必要なのよ。

小林　ああ。自分が逃《に》げるためにね。

朴槿恵守護霊　うーん。

小林　まあ、確かに、韓国では、大統領を辞《や》めた後、まともに生き延びた人が一人もいないですからね。

朴槿恵守護霊　そう。生き延びた人はいませんから。中国に逃げられる準備をしとかないといけないのよ、ちゃんと。その……。

小林　ああ、そのために中国へ行ってきたんですね？

朴槿恵守護霊　日本に逃げれるわけないでしょう？

小林　ああ。

朴槿恵守護霊　うーん、だからねえ、私の使命は、「竹島《たけしま》を防衛して、日本軍が韓国に攻めてこないようにする」ということと、「中国と仲良くする」という……。

酒井　時代錯誤《さくご》な発想ですね。

朴槿恵守護霊　それで、「北朝鮮《きたちょうせん》が攻めてこないようにする」……。

「実は黒人と日本人が大嫌《だいきら》い」という差別主義者

小林　あなたは、それを本気で言っているんですか。「日本が竹島を攻めてきて、その余勢を駆《か》って、韓国まで取りに来るのではないか」と、本気で思って、それを国策として基本方針に据《す》えているんですか。

朴槿惠守護霊　だけど、中国軍を撃退《げきたい》できるだけの力があったら、それはできるでしょ？

酒井　できると思いますか。

朴槿惠守護霊　だから、これからでしょうけど、もし、中国軍が絶対に手を出せないぐらい、日本の防衛が強くなれば、できるでしょ？

小林　では、なぜ、もっと、アメリカとの軍事同盟を強めないんですか。

朴槿恵守護霊　いや。だから、それは……。遠いからねえ……。私ねえ、黒人が嫌《きら》いなのよ。

小林　ああ、要するに、そういうことですね。この発言も、しっかりと英語に翻訳《ほんやく》しなければいけませんね。

朴槿恵守護霊　はっきり言って、はっきり言って、あの、オバマさん、黒人きら……、

小林　はっきり言って、黒人が嫌いなんですね？

朴槿恵守護霊　嫌いなのよ。

小林　ウワアッ！

朴槿恵守護霊　私ねえ、人種差別者なのよ。うん、嫌いなのよ。

酒井　日本人は？

朴槿恵守護霊　黒人と日本人だけ、大っ嫌いなのよ。

酒井　大っ嫌い？

朴槿恵守護霊　ああ。

小林　「黒人と日本人に対して差別をしている」と？　うーん。

朴槿恵守護霊　大嫌い、大嫌い、大嫌い。

「日本寄りだった父」を殺されたことがトラウマ？

朴槿恵守護霊　父は、日本に尻尾《しっぽ》を振《ふ》ったために殺されたんだから。

酒井　いや、そういうわけじゃないですよ。

朴槿恵守護霊　そうよ。たぶんそうよ。

酒井　韓国の問題で、あのような結果になったんでしょう？

小林　それがトラウマになっているのでは？

朴槿恵守護霊　それなの。あんなの、殺されたに違《ちが》いないわよ。

小林　うん。だけどね、お父様が暗殺されたのは、日本に尻尾を振ったからじゃないですよ。

朴槿恵守護霊　そうだよ。だから、あんなふうに、安重根みたいなのにやられたのよ。

小林　いや、そう思い込《こ》んでいるのかもしれないけれども、歴史をきちんと検証して、「なぜ、ああいう場面に立ち至ったのか」ということを冷静に検証すれば、それは、すぐに分かることですよ。

日米韓《かん》の連携《れんけい》を無視して韓国軍の怒《いか》りを買う朴大統領

朴槿恵守護霊　いちばん怖いのは軍部のクーデターよ。いちばん怖いのは軍部のクーデターだから。軍部がいちばん恐《おそ》れるのは、中国軍を動かせる習近平の力だよ。これがいちばん怖いんだよ。うーん。

小林　韓国《かんこく》軍がいちばん恐れているのは、中国軍ですよ。

朴槿恵守護霊　そうかなあ?

小林　常識的に考えたらそうでしょう?

朴槿恵守護霊　考えてないよ。

小林　いや、考えているはずです。

朴槿恵守護霊　(韓国は)中国との貿易量、ナンバーワンよ。

小林　いや、韓国の軍隊は、北朝鮮と中国の同盟軍をいちばん恐れているんですよ。

そうであるとすれば、最高責任者として、あなたが取るべき選択《せんたく》は明確じゃないですか。

それはなぜかというと、韓国の軍隊が「このままでは対抗《たいこう》できないから」と言って、せっかく、日本の自衛隊と韓国の軍隊、アメリカの第七艦隊《かんたい》の連携《れんけい》をよくするための協定を軍主導で結ぼうとしたにもかかわらず、政治家のほうが、「日本と組んだら国民を説得できないから」と引っ繰《く》り返したために、韓国軍は頭にきているんですよ。

オバマ大統領と安倍《あべ》首相に対するヒステリックな拒絶《きょぜつ》

朴槿恵守護霊　とにかくだねえ、私は、あんたの言うことが全然聴《き》き取れないのよ。何を言ってるんだか分からない。論理が不明確だから、分からないんだけど。

酒井　あなたの頭が悪いんじゃないの？

朴槿恵守護霊　とにかく、私には、オバマさんの〝従軍慰安婦《じゅうぐんいあんふ》〟になる気はないの。

黒人が嫌いなの！

酒井　（苦笑）

朴槿恵守護霊　もう、黒人は黒人と結婚《けっこん》して、アフリカへ帰ったらいいのよ。

小林　この発言をどうやって訳そうかな？

朴槿恵守護霊　だから、あのねえ……。

小林　「私には、オバマさんの〝従軍慰安婦〟になる気がない」と？

朴槿恵守護霊　ないんだ。

小林　これを英語にするわけね？（苦笑）

朴槿恵守護霊　アメリカ軍の、その……。

酒井　いや、あなたは、何……。

朴槿恵守護霊　私は、あの、あ、安倍《あべ》さんのねえ、安倍さんの〝従軍慰安婦〟になる気はないの！

酒井　あなたのお下劣《げれつ》な話は、もう結構です。

朴槿恵守護霊　もういい。嫌いなのよ。

酒井　これ以上はいいですから。

朴槿恵守護霊　嫌いなのよ！

「いかに自分が生き残るか」というサバイバル思想が信条？

酒井　最後に、あなたの政治的思想だけでも話してください。

朴槿恵守護霊　政治的思想はねえ、サバイバルです。もう、とにかくサバイバル。

酒井　誰のサバイバルですか。

朴槿恵守護霊　いやあ、「私を中心とした韓国人が、いかにサバイバルしていくか」っていう……。

酒井　「私を中心とした韓国人」とは、どこまでの範囲《はんい》？

朴槿恵守護霊　え？　まあ、「私を支持する者たち」がサバイバルできることですよ。

小林　自分の一族？

朴槿恵守護霊　うん。それは、韓国のなかにだって、日本を支持する勢力もありますよ！　だけど、それらは滅《ほろ》びたって構わない。

酒井　いや、それだけじゃないでしょう？

朴槿恵守護霊　うん？

酒井　政敵でしょう？　政権の対立軸《じく》となる人たちも敵でしょう？

朴槿惠守護霊　とにかくね、竹島を取られたら、大統領は絶対クビになって、そのあと、投獄《とうごく》されて「殺される」から、取られるわけにはいかないのよ。

酒井　要するに、あなたさえ生き残ればいい？

朴槿惠守護霊　まあ、生き残れれば……。

酒井　それが、あなたの政治思想ですね？

朴槿惠守護霊　それが歴史的使命だから。

「朝鮮《ちょうせん》半島が中国自治区になる未来」を受け入れる朴守護霊

小林　ああ、分かりました。

では、「竹島を取られないためには、何をやっても構わない」と？

朴槿恵守護霊　中国に尖閣《せんかく》を一生懸命《いっしょうけんめい》攻めさせとけば、竹島は取られないから。それで、日本とアメリカは手いっぱいだから、もうそれで……。

小林　昨年、大川隆法総裁が「未来透視《とうし》リーディング」というものを行った結果、朝《ちょう》鮮《せん》半島については、今の考え方の延長線上でいくと、最後には、韓国は全部中国軍に占領されていました。

朴槿恵守護霊　まあ、別に、最後はいいわよ。

小林　あ、いいんですね？

朴槿恵守護霊　うん。まあ、中国ならいいわよ。

小林　今の中国ならいいわけですね?

朴槿恵守護霊　（中国は）世界一だから。世界一だから、いいのよ。

酒井　では、もう、朝鮮は要《い》らない?

朴槿恵守護霊　要らないことはないけど、（中国の）自治区として、ちゃんと残るから大丈夫よ。

酒井　「自治区であればいい」と?

小林　「その『自治区』とは、どういう『自治区』なのか」ということを、もう少し知っておく必要がありますね。

朴槿惠守護霊　だから、それを交渉《こうしょう》するのに、私は、「側室になってもいい」って言ってるぐらいなんだから、大丈夫だよ。

小林「私が女性（側室）として交渉すれば、国事も動かせる」と思っている、その視野の狭《せま》さが、決定的に国を危《あや》うくするんですよ。しかし、それを言っても、どうせ分からないんでしょうから、まあ、いいですよ。

習近平《しゅうきんぺい》の妻への悪口は〝側室《そくしつ》〟としての対抗《たいこう》心？

酒井　あなたのせいで国を逃《のが》れてくる韓国人たちについては、日本が守りますけれども、残った韓国人たちは悲惨《ひさん》な目に遭《あ》いますよ。

朴槿惠守護霊　まあ、よく知らないけどもね。習近平《しゅうきんぺい》は、選挙に勝つためだけかなんか知らないけど、人気取りのために、歌手と結婚した。ああいう、頭の中身のない、見てくれだけの女と結婚したために、実にさみしい思いをしてるから、「私みたいに知性的な女性と話をしたいだろうなあ」とは思いますよ。

私、中国語もしっかり勉強していて、中国語でも会話ができるから、大丈夫なのよ。

小林　うん、勉強していますね。彼女が中国語を若いころに一生懸命勉強したのは、やはり、あなた（守護霊）の指導によるのかな？

朴槿惠守護霊　うーん、そうね。

小林　そういう意図があって？　それで、「習近平とも仲良くなれた」と。

安重根を英雄《えいゆう》にして利用したいから、「邪魔《じゃま》しないでよ！」

朴槿惠守護霊　安重根はねえ、もうほんと、中国と韓国を結ぶ……。

酒井　だけど、今、安重根は地獄にいるんですよ。

朴槿惠守護霊　「病院にいる」って言ってたじゃない？

酒井　いや、あれは地獄でしょう。監獄《かんごく》のね。

朴槿惠守護霊　そうだけども、それは、やっぱり、まあ、単なる殺人の罪によるものでしょう？

酒井　違います。単なる殺人じゃなくて、混乱を起こしたんです。共産党革命に手を貸したんですよ。

朴槿惠守護霊　それは、日本的には地獄であっても、朝鮮半島的には〝天国〟かも……。

小林　いや、これは、「日本的」とかいうことではなくて、「地球的正義に基《もと》づく判定による〝地獄への隔離《かくり》〟」ですよ。

朴槿恵守護霊　とにかく、英雄《えいゆう》にしたいんだから、邪魔《じゃま》しないでよ！

酒井　そもそも、朝鮮が二つに分かれているのは、共産党に与《くみ》したからです。それが間違いだったんですよ。その原点に、この安重根という人はいるわけです。

朴槿恵守護霊　まあ、とにかくねえ、この人を使いたいんだからさあ、もう、邪魔しないでよ。「従軍慰安婦」でも邪魔するし……。

酒井　あなたは、共産党も好きなんでしょう？　分かりました。

朴槿恵守護霊　「韓国の生きる道」は、もう、そういうふうなバランスを取る道以外、ないんだから、しょうがないのよ。

国家元首としての「決定的失言」

酒井　分かりました。

これは、韓国の国民に問うしかないですよ。この人を大統領にしておいてよいかどうか。

朴槿惠守護霊　とにかく、オバマと安倍は嫌いなんだって。

酒井　「好き嫌い」で政治を考えている人は、もう駄目《だめ》です。

小林　言っていることがすごいですね。あなた、本当に政治家ですか。

朴槿惠守護霊　政治家です。

小林　個人的に、「オバマや安倍が嫌い」と思うのはともかく、現在、アメリカと軍事同盟を結んで、その庇護《ひご》下にある国の国家元首として、「私、オバマは嫌いなのよ」と言うのは、決定的失言ですよ。それが分からないんですか。

朴槿恵守護霊　うーん、まあ……、（オバマは）もうすぐ辞めるでしょう？　だから、いいのよ。

小林　ああ、そうですか。分かりました。では、今の発言を、全部、英語にしますからね。それで、結果を見てもらいましょう。

朴槿恵守護霊　もうすぐ、もうすぐ、もうすぐ辞めるのよ。もう終わりなんだから。アメリカも、かわいそうに。もう終わりなんだからさあ。

酒井　分かりました。

小林　要するに、「アメリカは終わりなんだ」と言いたいわけですね。

酒井　（苦笑）これ以上、あなたと話しても、ほとんど何も出てこないことが分かりました。

朴槿惠守護霊　まあ、「私は、安重根を擁護《ようご》する」ということです。はい。はい。

酒井　ああ、分かりました。はい。ありがとうございます。

大川隆法　（朴槿惠守護霊に）ありがとうございました。

9 「独自の論理」を立てて行動すべき日本

国民を洗脳する韓国《かんこく》は中国と体制が変わらない

大川隆法　まあ、複雑で目茶苦茶《めちゃくちゃ》な国ですね。まともに相手をしていたら、こちらの頭がおかしくなります。

やはり、日本は、日本の論理を立てて行動すべきでしょう。日本のマスコミは、こういうものに対し、あまり過剰《かじょう》に反応しないほうがよいかもしれません。

酒井　しないほうがいいですね。

大川隆法　でも、最初に言ったとおり、ＴＰＰに入れなかったことで孤立《こりつ》しているため、身を守ろうとして接近しているのは事実です。あとは、「中国が本当に世界のナンバーワンになれるかどうか」ですが、実は、まだ関門は数多くあるだろうと思います。

だから、日米の経済力が回復し、アメリカの指導者が変わってきたら、流れも違《ちが》ってくる可能性があります。たぶん、次は共和党になる可能性が高いので、流れがまったく変わるのではないかと思いますね。

酒井　はい。

大川隆法　まあ、苦しいところです。

しかし、「安重根のような百年前のものを引っ張り出してきたり、七十年前の従軍《じゅうぐん》慰安婦《いあんふ》の話を出してきたりする」ということは、「韓国《かんこく》も、やる手がもうない」ということでしょう。ほとんど手がない。「何か現在ただいまの問題を言いなさい」と言いたいところですが、何も言えないでしょう。

結局、韓国は、「竹島《たけしま》を不法占領《せんりょう》している」ということを暴《あば》かれたくないのです。そういうことでしょう。何とかこれを肯定《こうてい》させたくて、「不法侵入《しんにゅう》ではなく、韓国のものだった」ということにしたいから、「中国に頑張《がんば》ってほしい」ということでしょう。結論はそういうことです。

そのように、全国民を洗脳しているから、実質は中国と体制が変わらないのです。

酒井　そうですね。

大川隆法　これもしかたがないですね。

日本は友好国の包囲網《ほういもう》の輪に韓国《かんこく》を引き入れる努力を

大川隆法　日本は、周囲に友達を増やし、仲間を増やして包囲網《ほういもう》をつくり、その輪のなかに韓国を入れていくよう、努力することです。中国との綱引《つなひ》きになるでしょうけれども、韓国は、「どちらと組んでいるほうが有利か」を考えるべきでしょう。

しかし、「今、自由主義体制を失ったら、どれほど不自由になるか」ということまで頭が回らないようです。本当は、体制の違うところとは組めないものなのです。

つまり、「中国と一緒《いっしょ》になる」ということは、「北朝鮮《きたちょうせん》のようになる」ということなのですが。

小林　そうです。

大川隆法　そこまで頭が回って……。

小林　回っていませんでした。

大川隆法　回っていませんね。この頭の悪さには、しかたのないところがあります。「韓国の国民が、こんな大統領しか選べない」というのはしかたがありません。盧泰《ノテ》愚《ウ》のときもそうでしたから。言っては悪いのですが、「こんな人しかいないのだろうか」という感じでした。

ただ、そのあたりの政治的貧困《ひんこん》さは、自国民で責任を取るべきでしょう。

本日は、少し脱線《だっせん》したので、テーマも〝混線〟しましたが、何とかまとめてくださ い（手を一回叩《たた》く）。

酒井　ありがとうございました（会場拍手《はくしゅ》）。

あとがき

今回の霊査で、安重根が、マルクスなどと同様の無間地獄《むけんじごく》に堕ちていることは明らかにわかった。いわば神仏の眼からみた「思想犯」に、他の人々に影響を与えないようにするための隔離・孤独地獄であり、百年以上も他の霊とも話せない地獄界最深部である。そこにいて、自分が死刑になったこと、死んだことすら自覚できない男をかつぎ出して救国の英雄に仕立て上げようとする、韓国、中国両トップの志《こころざし》や精神性が一体どのようなものなのか。日本の政界、マスコミ界、一般国民にも広く知ってほしいし、同盟国アメリカ合衆国の国民や、悲惨な未来と立ち向かわなくてはならない、韓国の心ある人々にも本書の内容を届けたい。現在の朴大統領は、あの世に還って、父大統領に合わせる顔があるのか。地球的正義とは何かを、もう一度考え直すべき時である。

二〇一三年　六月三十日

世界教師《せかいきょうし》　大川隆法《おおかわりゅうほう》

『安重根は韓国の英雄か、それとも悪魔か』大川隆法著作関連書籍

『安倍新総理スピリチュアル・インタビュー』（幸福実現党刊）
『神に誓って「従軍慰安婦」は実在したか』（同右）
『公開霊言　東條英機、「大東亜戦争の真実」を語る』（同右）
『原爆投下は人類への罪か？』（同右）
『北朝鮮――終わりの始まり――』（同右）
『世界皇帝をめざす男』（同右）
『ジョーズに勝った尖閣男』（幸福の科学出版刊）
『宗教決断の時代』（同右）
『維新の心――公開霊言　木戸孝允・山県有朋・伊藤博文――』（同右）
『北朝鮮の未来透視に挑戦する』（同右）

安重根《あんじゅうこん》は韓国《かんこく》の英雄《えいゆう》か、それとも悪魔《あくま》か

――安重根＆朴槿惠大統領守護霊の霊言――

2013年7月10日　初版第1刷

著　者　　大《おお》川《かわ》隆《りゅう》法《ほう》

発行所　　幸福の科学出版株式会社

〒107-0052 東京都港区赤坂2丁目10番14号
TEL(03)5573-7700
http://www.irhpress.co.jp/

印刷・製本　株式会社 東京研文社

落丁・乱丁本はおとりかえいたします

ISBN978-4-86395-358-1 C0030
写真：近現代PL／アフロ　Yonhap／アフロ

大川隆法霊言シリーズ・日本の自虐史観を正す

神に誓って「従軍慰安婦」は実在したか

いまこそ、「歴史認識」というウソの連鎖を断つ！ 元従軍慰安婦を名乗る2人の守護霊インタビューを刊行！ 慰安婦問題に隠された驚くべき陰謀とは⁉
【幸福実現党刊】

1,400円

本多勝一の守護霊インタビュー

朝日の「良心」か、それとも「独善」か

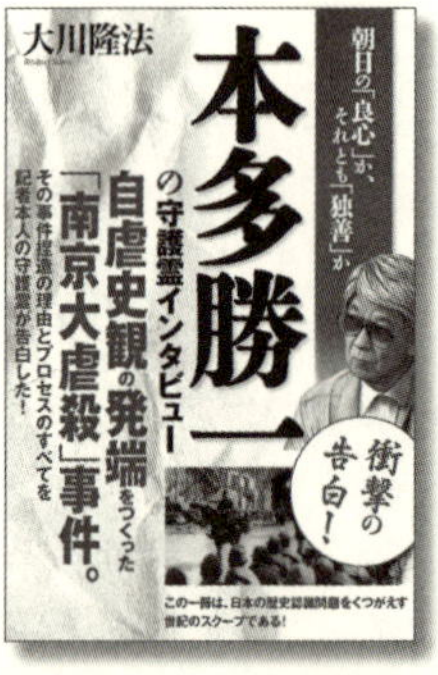

「南京事件」は創作!「従軍慰安婦」は演出! 歪められた歴史認識の問題の真相に迫る。自虐史観の発端をつくった本人（守護霊）が赤裸々に告白!
【幸福実現党刊】

1,400円

従軍慰安婦問題と南京大虐殺は本当か？

左翼の源流 vs. E.ケイシー・リーディング

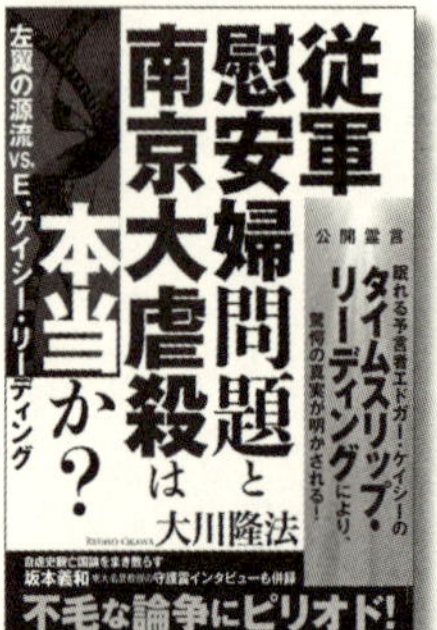

「従軍慰安婦問題」も「南京事件」も中国や韓国の捏造だった！ 日本の自虐史観や反日主義の論拠が崩れる、驚愕の史実が明かされる。

1,400円

※表示価格は本体価格（税別）です。

大川隆法霊言シリーズ・正しい歴史認識を求めて

原爆投下は人類への罪か?

公開霊言 トルーマン
& F・ルーズベルトの新証言

なぜ、終戦間際に、アメリカは日本に2度も原爆を落としたのか?「憲法改正」を語る上で避けては通れない難題に「公開霊言」が挑む。
【幸福実現党刊】

1,400円

公開霊言 東條英機、「大東亜戦争の真実」を語る

戦争責任、靖国参拝、憲法改正……。他国からの不当な内政干渉にモノ言えぬ日本。正しい歴史認識を求めて、東條英機が先の大戦の真相を語る。
【幸福実現党刊】

1,400円

マッカーサー 戦後 65 年目の証言

マッカーサー・吉田茂・
山本五十六・鳩山一郎の霊言

GHQ最高司令官・マッカーサーの霊によって、占領政策の真なる目的が明かされる。日本の大物政治家、連合艦隊司令長官の霊言も収録。

1,200円

大川隆法霊言シリーズ・中国・北朝鮮情勢を読む

中国と習近平に未来はあるか
反日デモの謎を解く

「反日デモ」も、「反原発・沖縄基地問題」も中国が仕組んだ日本占領への布石だった。緊迫する日中関係の未来を習近平氏守護霊に問う。
【幸福実現党刊】

1,400円

守護霊インタビュー 金正恩の本心直撃!

ミサイルの発射の時期から、日米中韓への軍事戦略、中国人民解放軍との関係――。北朝鮮指導者の狙いがついに明らかになる。
【幸福実現党刊】

1,400円

北朝鮮の未来透視に挑戦する
エドガー・ケイシー リーディング

「第2次朝鮮戦争」勃発か!? 核保有国となった北朝鮮と、その挑発に乗った韓国が激突。地獄に堕ちた"建国の父"金日成の霊言も同時収録。

1,400円

※表示価格は本体価格(税別)です。

大川隆法 ベストセラーズ・現代政治へのアドバイス

大平正芳の大復活

クリスチャン総理の緊急メッセージ

ポピュリズム化した安倍政権と自民党を一喝！ 時代のターニング・ポイントにある現代日本へ、戦後の大物政治家が天上界から珠玉のメッセージ。
【幸福実現党刊】

1,400円

中曽根康弘元総理・最後のご奉公

日本かくあるべし

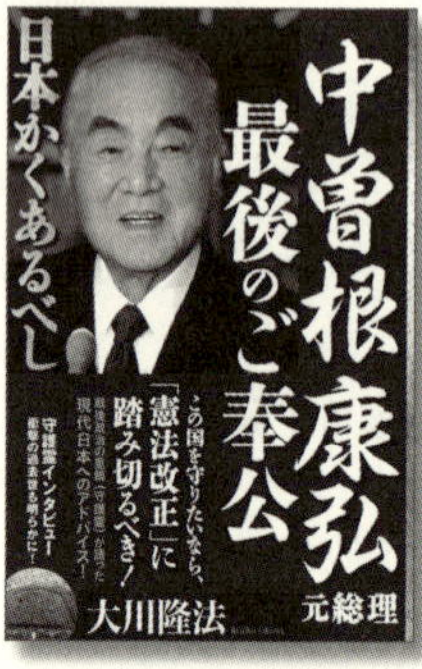

「自主憲法制定」を党是としながら、選挙が近づくと弱腰になる自民党。「自民党最高顧問」の目に映る、安倍政権の限界と、日本のあるべき姿とは。
【幸福実現党刊】

1,400円

サッチャーのスピリチュアル・メッセージ

死後 19 時間での奇跡のインタビュー

フォークランド紛争、英国病、景気回復……。勇気を持って数々の難問を解決し、イギリスを繁栄に導いたサッチャー元首相が、日本にアドバイス！

1,300円

※表示価格は本体価格（税別）です。

大川隆法 ベストセラーズ・幸福の科学の魅力とは

未来の法

新たなる地球世紀へ

暗い世相に負けるな！ 悲観的な自己像に縛られるな！ 心に眠る無限のパワーに目覚めよ！ 人類の未来を拓く鍵は、一人ひとりの心のなかにある。

2,000円

素顔の大川隆法

素朴な疑問からドキッとするテーマまで、女性編集長3人の質問に気さくに答えた、101分公開ロングインタビュー。大注目の宗教家が、その本音を明かす。

1,300円

日本の誇りを取り戻す

国師・大川隆法　街頭演説集 2012

2012年、国論を変えた国師の獅子吼。外交危機、エネルギー問題、経済政策……。すべての打開策を示してきた街頭演説が、ついにDVDブック化！
【幸福実現党刊】

街頭演説 DVD付

2,000円

幸福の科学グループのご案内

宗教、教育、政治、出版などの活動を通じて、地球的ユートピアの実現を目指しています。

宗教法人　幸福の科学

一九八六年に立宗。一九九一年に宗教法人格を取得。信仰の対象は、地球系霊団の最高大霊、主エル・カンターレ。世界百カ国以上の国々に信者を持ち、全人類救済という尊い使命のもと、信者は、「愛」と「悟り」と「ユートピア建設」の教えの実践、伝道に励んでいます。

（二〇一三年七月現在）

愛

幸福の科学の「愛」とは、与える愛です。これは、仏教の慈悲《じひ》や布施《ふせ》の精神と同じことです。信者は、仏法真理をお伝えすることを通して、多くの方に幸福な人生を送っていただくための活動に励んでいます。

悟り

「悟り」とは、自らが仏の子であることを知るということです。教学《きょうがく》や精神統一によって心を磨き、智慧《ちえ》を得て悩みを解決すると共に、天使・菩薩《ぼさつ》の境地を目指し、より多くの人を救える力を身につけていきます。

ユートピア建設

私たち人間は、地上に理想世界を建設するという尊い使命を持って生まれてきています。社会の悪を押しとどめ、善を推し進めるために、信者はさまざまな活動に積極的に参加しています。

海外支援・災害支援

国内外の世界で貧困や災害、心の病で苦しんでいる人々に対しては、現地メンバーや支援団体と連携して、物心両面にわたり、あらゆる手段で手を差し伸べています。

自殺を減らそうキャンペーン

年間約３万人の自殺者を減らすため、全国各地で街頭キャンペーンを展開しています。

公式サイト www.withyou-hs.net

ヘレンの会

ヘレン・ケラーを理想として活動する、ハンディキャップを持つ方とボランティアの会です。視聴覚障害者、肢体不自由な方々に仏法真理を学んでいただくための、さまざまなサポートをしています。

公式サイト www.helen-hs.net

教育

学校法人 幸福の科学学園

学校法人 幸福の科学学園は、幸福の科学の教育理念のもとにつくられた教育機関です。人間にとって最も大切な宗教教育の導入を通じて精神性を高めながら、ユートピア建設に貢献する人材輩出を目指しています。

幸福の科学学園

中学校・高等学校（那須本校）

2010年4月開校・栃木県那須郡（男女共学・全寮制）

TEL **0287-75-7777**

公式サイト **happy-science.ac.jp**

関西中学校・高等学校（関西校）

2013年4月開校・滋賀県大津市（男女共学・寮及び通学）

TEL **077-573-7774**

公式サイト **kansai.happy-science.ac.jp**

幸福の科学大学（仮称・設置認可申請予定）

2015年開学予定

TEL **03-6277-7248**（幸福の科学 大学準備室）

公式サイト **university.happy-science.jp**

仏法真理塾「サクセスNo.1」

小・中・高校生が、信仰教育を基礎にしながら、「勉強も『心の修行』」と考えて学んでいます。

TEL **03-5750-0747**（東京本校）

不登校児支援スクール「ネバー・マインド」

心の面からのアプローチを重視して、不登校の子供たちを支援しています。
また、障害児支援の「**ユー・アー・エンゼル！**」運動も行っています。

TEL **03-5750-1741**

エンゼルプランV

幼少時からの心の教育を大切にして、信仰をベースにした幼児教育を行っています。

TEL **03-5750-0757**

学校からのいじめ追放を目指し、さまざまな社会提言をしています。また、各地でのシンポジウムや学校への啓発ポスター掲示等に取り組むNPO「いじめから子供を守ろう！ネットワーク」を支援しています。

公式サイト **mamoro.org**

ブログ **mamoro.blog86.fc2.com**

相談窓口 **TEL.03-5719-2170**

政治

幸福実現党

内《ない》憂《ゆう》外《がい》患《かん》の国難に立ち向かうべく、二〇〇九年五月に幸福実現党を立党しました。創立者である大川隆法党総裁の精神的指導のもと、宗教だけでは解決できない問題に取り組み、幸福を具体化するための力になっています。

党員の機関紙
「幸福実現NEWS」

TEL 03-6441-0754
公式サイト hr-party.jp

出版 メディア 事業

幸福の科学出版

大川隆法総裁の仏法真理の書を中心に、ビジネス、自己啓発、小説など、さまざまなジャンルの書籍・雑誌を出版しています。他にも、映画事業、文学・学術発展のための振興事業、テレビ・ラジオ番組の提供など、幸福の科学文化を広げる事業を行っています。

TEL 03-5573-7700
公式サイト irhpress.co.jp